Kostenrecht der Rechtsanwälte

- Zivilprozess & Außerstreitverfahren
- Exekutionsverfahren & Insolvenzverfahren
- Strafprozess
- Verfahren des öffentlichen Rechts (VfGH, VwGH, UVS)
- Internationale Gerichtshöfe (EuGH, EuGI, EGMR)
- Kostenersatz nach AHG

3., aktualisierte Auflage
Stand: April 2015

von

Mag. Dr. Helmut Ziehensack
Mag. Dr. René Ruprecht, LL.M., LL.M.

LexisNexis®

Bibliografische Information der Deutschen Bibliothek

Die Deutsche Bibliothek verzeichnet diese Publikation in der Deutschen Nationalbibliografie; detaillierte bibliografische Daten sind im Internet über http://dnb.ddb.de abrufbar.

ISBN 978-3-7007-5882-2

LexisNexis Verlag ARD Orac GmbH & Co KG, Wien
http://www.lexisnexis.at
Wien 2015
Best.-Nr. 84.089.003

Foto Ziehensack: Karl Hofstetter
Foto Ruprecht: Karl Hofstetter

Druckerei: MDH-Media GmbH, Wien

Vorwort

In zahlreichen RA-Kanzleien zählt die Erstellung der Kostennoten wie auch jene der Honorarnoten zu den Aufgaben der Kanzleikräfte und wird bloß zur Endkontrolle dem einschreitenden RA bzw Konzipienten vorgelegt. Dies entspricht zwar den Grundsätzen effizienter Arbeitsaufteilung, kann jedoch auch zT zu unerwünschten Konsequenzen führen, nämlich der mangelnden Erfahrungserlangung durch den Berufsanwärter bzw des Verlustes der engen Beziehung des RA zum anwaltlichen Kosten- und Honorarrecht. Zumal im Hinblick auf den Umstand, dass es sich beim „Kostenrecht der Rechtsanwälte" um einen **Prüfungsgegenstand der Rechtsanwaltsprüfung** (**§ 20 Z 10 RAPG**) handelt, soll das vorliegende (Rechtspraxis-)Skriptum dazu beitragen, dass der geschätzte Leser sich die benötigten Grundsätze dieses Rechtsgebietes erstmals erwirbt, sich (wieder) aneignet oder noch weiter vertieft.

Wegen des hohen Anspruches der Rechtsanwaltsprüfung insgesamt, zumal aufgrund des nahezu uneingeschränkten Prüfungsstoffes (vgl die zu beherrschenden Prüfungsgegenstände der schriftlichen [§ 13 RAPG] sowie mündlichen [§ 20 RAPG] Prüfung), bleibt zumeist nur mehr ein vergleichsweise geringes Zeitbudget übrig, auch noch diesen, wenngleich sehr wichtigen Rechtsbereich zu bearbeiten, um in weiterer Folge die mündliche Prüfung erfolgreich zu bewältigen.

Um die vom Gesetzgeber diesbezüglich also gewissermaßen verlangte „Quadratur des Kreises" zu schaffen, bietet dieses Skriptum einerseits eine kurz Zusammenfassung für den eiligen Leser samt Schaubildern und Checklisten und andererseits eine doch auch weitergehende Ausarbeitung mit einer breiteren Darstellung. Für Einzelprobleme sowie noch weitergehende Ausführungen sei auf das Literaturverzeichnis verwiesen. Zur besseren Erschließbarkeit des Textes wurde auch ein Stichwortverzeichnis erstellt. Den Autoren ging es darum, dieses Skriptum zu einem **„must have accessoire for your bar exam"** zu entwickeln.

Frau *Mag. Stefanie Weindorfer* sowie Frau *Dr. Monika Redlin* sind wir für die gute Zusammenarbeit und sorgfältige Drucklegung verbunden.

Wien, im April 2015 *Helmut Ziehensack* und *René Ruprecht*

Inhaltsverzeichnis

Literaturverzeichnis

Vorbemerkungen:

1. Durch die Verwendung der kleineren Schriftgröße soll auf den folgenden bloß drei Seiten eine Vielzahl an Literaturquellen geboten werden.
2. Die in Fettdruck hervorgehobenen Werke stellen besonders grundlegende Literatur zum anwaltlichen Standesrecht dar.
3. Eine besonders hervorragende Quelle zum anwaltlichen Kostenrecht bietet das AnwBl. Diesbezüglich besteht die kostenfreie (!) Downloadmöglichkeit auf der Website des ÖRAKT unter www.rechts-anwaelte.at hinsichtlich der letzten zehn Jahrgänge.

Arnold, Rechtsschutzlücke im Art 137 B-VG? Gespaltene Passivlegitimation im Verfahren nach Art 137-B-VG? Keine Anwendung des § 43 Abs 1 letzter Satz ZPO vor dem VfGH? AnwBl 1997, 899;

Bachmann, Welchen Schutz bieten das anwaltliche Zurückbehaltungs- und Pfandrecht nach §§ 19, 19a RAO im Konkurs, AnwBl 1996, 501;

Barth, Der Rechtsanwalt als Sachwalter. Ein Überblick zur Rechtslage unter Berücksichtigung des KindRÄG 2001 und des neuen Außerstreitgesetzes, ÖJs2005, 53;

Benn-Ibler, Zum Umsatzsteuergesetz 1994, AnwBl 1997, 226, 463;

Beran/Klaus/Nigl/Pühringer/Rassi/Schramm/Steinhauer/Roch/Liebhard, Das Kostenersatzrecht im 21. Jahrhundert. Gedanken zur kommenden und übernächsten Zivilverfahrensnovelle, RZ 2002, 8/126;

Berka, Die Honorarrichtlinien der freien Berufe im Lichte der Erwerbsfreiheit, WBl 1992, 309;

Birkelbauer, Zum Ersatz der Verteidigerkosten bei einem Freispruch, RZ 2001, 106;

***Braun/Lohsing*, Österreichisches Anwaltsrecht[2] (1950)**;

Breuß, Ersatz der Barauslagen bei Verfahrenshilfe, AnwBl 2006, 247;

Bruns, Das Verbot der quota litis und der erfolgsorientierten Prozessfinanzierung, dt Juristenzeitung 2000, 232;

Buchberger, Die „sonstigen Leistungen" gem § 8 Abs 5 AHR, ÖJZ 1999, 886;

Burgstaller, Geldwäscherei durch Annahme eines Rechtsanwaltshonorars? AnwBl 2001, 574;

Bydlinski Michael, Der Anspruch auf Ersatz „vorprozessualer Kosten" unter besonderer Berücksichtigung von Mahn- und Inkassospesen, JBl 1998, 69, 143;

Bydlinski Michael, Der Kostenersatz im Zivilprozess (1992);

Bydlinski Michael, Die Geltendmachung anwaltlicher Betreibungskosten im Prozess, Zak 2006, 108;

Bydlinski Michael, Klagseinschränkung auf Kosten oder auf Feststellung? RZ 1989, 131;

Bydlinski Michael, Neues vom OGH zum Kostenersatz, Zak 2005, 43;

Christandl, Ersatz vorprozessualer Anwaltskosten, RZ 2004, 262;

Christian, Umstellung des ERV, AnwBl 2007, 112;

Chvosta, Prozesskostenrecht (2001);

Chvosta, Kostenersatz im Beschwerdeverfahren vor dem VfGH, ZfV 2002, 639;

Deixler-Hübner, Zum Schicksal außerprozessualer Aufwendungen, FS Jelinek (2002) 47;

Dellisch, § 23 Abs 6 RATG neu, AnwBl 2003, 8;

Dellisch, Berechnung der Substitutionskosten für Berufungsverhandlungen, AnwBl 1998, 668;

Dellisch, Überlegungen zum Einvernehmensanwalt, AnwBl 1995, 91;

Eisenberger/Eisenberger, Die neuen Gebühren für VfGH- und VwGH- Beschwerden, AnwBl 1998, 153;

Ertl, Abtretung von Honorarforderungen und anwaltliche Schweigepflicht, FS Welser (2004) 159;

Fasching/Konecny, Kommentar zur ZPO, insbesondere zu §§ 41 ff ZPO;

***Feil/Wennig*, Anwaltsrecht[6] (2010)**; da die 6. Auflage ua RATG, AHK und DSt nicht mehr umfasst, wird tw auch noch die 5. Auflage zitiert;

Fink, Kostenersatz nach § 107 Abs 2 KO: OLG Linz ändert seine Literatur, RdW 1992, 2;

Fink, Zum Kostenersatz für besondere Prüfungstagsatzungen, RdW 1991, 226;

Fischer, Kostenersatz im Strafprozess (2006);

Fischer, Zur Verzinsungspflicht strafgerichtlich zuerkannter Kosten, ÖJZ 2007, 184;

Fisch-Thomsen, Das anwaltliche Honorarsystem in Österreich im Vergleich zu anderen europäischen Rechtsordnungen, AnwBl 1990, 419;

Fucik, Kostenersatz im Verfahren außer Streit, ÖJZ 2007, 669;

Fucik, Vorprozessuale Kosten und/oder Nebenforderung? Rpfl 1998, 32;

Gebauer, Das Honorar des Rechtsanwalts (1981);

Gebauer, Tarifpost 7 bis Tarifpost 9 Z 4 RATG. Ein Beitrag zum anwaltlichen Kostenrecht, AnwBl 1985, 179;

Grassl, Rechtsschutzversicherung: Darf die freie Anwaltswahl etwas kosten? RdW 2002, 646;

Gruber, Abtretbarkeit der Honorarforderungen eines Rechtsanwalts, RdW 1994, 38;

Grunewald, Prozessfinanzierungsvertrag mit gewerbsmäßiger Prozessfinanzierer – ein Gesellschaftsvertrag, Betriebsberater 2000, 729;

Harbich, Einige Fragen der anwaltlichen Verschwiegenheitspflicht, AnwBl 1983, 671;

Hasenauer, Rechtsschutzversicherung und RA, AnwBl 2003, 126;

***Hasenauer*, Hand-Tarif für Rechtsanwälte 8/09**;

Herz, Die Verschwiegenheitspflicht des Rechtsanwaltes im Honorarprozess, NaBl 1957, 23;

Hiebl, § 12 NTG – Ist dieses Privileg noch zeitgemäß? AnwBl 2003, 78;

Hochegger, Entwurf 1976 zum RATG, AnwBl 1990, 414;

Höllwerth, Kostenersatz nach § 78 Außerstreitgesetz 2003, ÖA 2005, 81;

Huter, Die Geltendmachung von „Inkassospesen" nach dem ZinsrechtsänderungsG AnwBl 2003, 646;

Illedits, Die gerichtliche Geltendmachung vorprozessualer Mahn- und Inkassospesen, AnwBl 1992, 701;

Illedits, Vorprozessuale Mahn- und Inkassospesen, RdW 1997, 182;

Jahoda, Doppelvertretung oder quota litis? AnwBl 1973, 182;

Jehle, Anwaltliche Besprechung, Honorierung von Arbeitsessen, Glosse zu OGH 29. 9. 1992, 4 Ob541/92, liechtensteinische Juristenzeitung 1993, 2;

Jeryczynski, Bemerkungen zur Entscheidung LG Salzburg 54 R 139/00f, JBl 2001, 133;

Kilches, Umsatzsteuerfragen im Zusammenhang mit Prozesskostenersatz von Anwaltskosten, ecolex 1999, 349;

Kilches, Vorsteuerausgleichsanspruch für Prozesskostenersatz im Exekutionsverfahren, ecolex 2001, 697;

Killian, Erfolgshonorare im internationalen Privatrecht, dt AnwBl 2003, 452;

Klauser/Kodek, ZPO[16] (2006), insbesondere zu §§ 41 ff ZPO;

Klicka, Bemerkungen zum Kostenersatzrecht des ASGG in Sozialrechtssachen, ZAS 1987, 81;

Klicka, Die Verwendung der Autonomen Honorar-Richtlinien im Zivilprozess, RdW 1993, 298;

Knöbel, Die freie Rechtswahl beim Anwaltsvertrag, RdW 2006, 121;

Knöbel, Prozessfinanzierung: Quo vadis quota litis? ecolex 2005, 436;

Kodek G., Praxistipps zum Berufungsverfahren, Zak 2006, 346;

Kodek G., Prozesskostenersatz und Umsatzsteuer, RdW 1988, 56;

König, Die verschuldensunabhängige Haftung für „ungerechtfertigten" einstweiligen Rechtsschutz (§ 394 EO), JBl 2005, 205;

König, Schadenersatz wegen „nicht gerechtfertigter" Beschlagnahme. (§ 115 StPO in der Fassung des StrafprozessreformG) – Neue Großzügigkeit oder Versehen des Gesetzgebers? RZ 2004, 212;

Korab/Reidinger, Die Fälligkeit des Honoraranspruches des Rechtsanwalts, AnwBl 1999, 212;

Korn, Kopierkosten und Einheitssatz (ein Beitrag zur mancherorts behaupteten „Anwaltsfeindlichkeit" der Gerichte in Kostenfragen), RZ 2006, 242;

Kosch, Der RA als Realitätenvermittler? AnwBl 1970, 309;

Krainer, Ende der quota litis? ecolex 2007, 592;

Krammer/Schmidt, GebAG-Kommentar[3] (2001);

Krump, Anwaltliches Kostenpfandrecht und Prozessführungspflicht, AnwBl 1998, 295;

Langer, Anwaltliches Kostenpfandrecht und Konkurs der vertretenen Partei, ZIK 1999, 145;

Längle, Erfasst die Verfahrenshilfe auch Drittschuldnerkosten? Zak 2007, 330;

Lendl, Das neue Kostenrecht, ÖJZ 2008/75;

Lenneis, Kostenersatz bei Säumnisbeschwerden. VwGH hat „Spesenrittern" einen Riegel vorgeschoben, SWK 2000, 426;

Lindinger, Checkliste: Grundsätze des Kostenersatzrechts in wohnrechtlichen Außerstreitverfahren, immolex 2005, 106;

Lovrek, Kostenersatz in wohnrechtlichen Außerstreitverfahren, Zak 2005, 46;

Machacek, Sind die Richtlinien gesetzlich gedeckt? AnwBl 1983, 107;

Maderbacher, Honoraranspruch des Verfahrenshelfers. Stellungnahme der RAK Wien vom 31. 8. 2005, AnwBl 2005, 522;

Mathes, Übersicht über die jüngste Judikatur zur Geltendmachung von Mahn- und Inkassospesen, nv 1998, 30;

Mayr, Die Schlichtungstätigkeit der Kammern der freien Berufe, WBl 1995, 269;

Messiner, Kostenersatz für die vor- und außerprozessuale Rechtsverfolgung durch Berater in Versicherungsangelegenheiten und Inkassobüros, ZVR 1990, 297;

Mittag, Nochmals: Zur Frage der Geltendmachung des gesetzlichen Pfandrechts nach § 19a Abs 1 RAO im Prozess, AnwBl 1982, 229;

Mohr, Vereinfachtes Bewilligungsverfahren und andere am 1. 10. 1995 in Kraft getretene Bestimmungen der EO-Novelle 1995, ÖJZ 1995, 889;

Mohr, Zum legislativen Handlungsbedarf betreffend den Ersatz für Mahn- und Inkassokosten, RdW 1998, 533;

Müller, Einige Änderungen im Verfahren vor dem VwGH, AnwBl 1997, 880;

Müller, Verteidigungskostenbeitrag bei Freispruch, AnwBl 1988, 190;

Noll, Das Kostenkarussell in Gegendarstellungsverfahren, MR 2000, 134;

Oberhammer, Judikaturwende bei Exekutionskosten im Wiedereinsetzungsfall? RdW 1994, 202;

***Obermaier*, Das Kostenhandbuch – Kostenersatz im Zivilprozess und im Verfahren außer Streit[2] (2010)**;

Obermaier, Die Verzinsung von Kostentiteln, AnwBl 2007, 403;

Obermaier, Von den Schriftsätzen der Advokaten, RZ 2006, 267;

Obermaier, Zur Ersatzfähigkeit der „Berufung im Kostenpunkt", AnwBl 2006, 314;

Orator, Handhabung der Autonomen Honorar-Richtlinien des österreichischen Rechtsanwaltskammertages, AnwBl 1984, 39;

Popper, Ein Deutungsbeitrag zu § 19a RAO, AnwZ 1935/82;

Pilnacek, Strafrechtliches Entschädigungsgesetz im Spannungsfeld zu Artikel 6 MRK. Zugleich ein Ansatz zur Reformüberlegungen aus Anlass der Entscheidung des EGMR im Fall Rushiti gegen Österreich, ÖJZ 2001, 546;

Pochmarski/Lichtenberg, Die Berufung in der ZPO (2003);

Podovsovnik, Der Kostenersatz bei Verfahren vor dem EuGH nach nationalem VwGH-Verfahren (2000);

Pogacar, Kostentragung im Konkurseröffnungsverfahren, ZIK 2006, 187;

Pülzl, Nochmals: Der Kostenspruch bei Klaglosstellung vor dem VwGH – inhomogene Entscheidungspraxis, SWK 2006, 719;

Rabl, Der Schadenersatz von Inkassokosten dem Grunde nach, JBl 2007, 494;

Rassi, Kostenfragen zur Intervention bei der Fahrnisexekution nach der EO-Novelle 2005, Zak 2005, 49;

Rassi, Exekutionstipps für Praktiker III, Zak 2007/698;

Rechberger, Die Kostenfolgen einer Exekutionseinstellung wegen Bewilligung der Wiedereinsetzung in den vorigen Stand, Beiträge zum Zivilprozessrecht IV (1991) 51;

Rechberger, Kommentar zur ZPO[3], insbesondere zu §§ 41 ff ZPO;

Reicher, Mahn- und Inkassospesen in der Praxis des Mahnverfahrens, RZ 1998, 50;

Rungg, Anwaltskostenverfahren vor den Gemeinschaftsgerichten, AnwBl 1998, 427;

Sachs/Thanner (Hrsg), Verfahren vor Sonderbehörden (2006);

Salficky, Gedanken zu § 54 Abs 1 a ZPO, AnwBl 2009, 479;

Schärff, Rechtsmittelverfahren, AnwBl 1999, 282;

Schett, Die Prüfung verspätet angemeldeter Forderungen in der allgemeinen Prüfungstagsatzung, ZIK 2000, 7;

Schilchegger, Die Haftung des Steuerberaters für Notariatsgebühren. Ist § 12 NotariatstarifG nach der geltenden Rechtslage noch anwendbar? SWK 2004, 981;

Schmidt, TP 7 RAT: Wozu der Aufruhr? AnwBl 1985, 391;

Stabentheiner, Der Verfahrenskostenersatz im neuen wohnrechtlichen Außerstreitverfahren, immolex 2004, 205;

Stabentheiner, Gerichtsgebühren[8] (2007);

Steflitsch, Ersatz vorprozessualer Anwaltskosten – Korrespondenz zu RZ 2004, 262, RZ 2005, 41;

Stölzle, Der Rechtsanwalt als „Kreditvermittler", AnwBl 1973, 274;

Strejcek, Zur Kostenentscheidung des VfGH im Verfahren über die Mindest-Körperschaftsteuer, JBl 1997, 544;

Suppan, Das Kostenkarussell im Gegendarstellungsverfahren. Ergänzende Replik auf Alfred W. Noll (MR 2000, 134 ff) MR 2000, 213;

Swoboda, Die ganz legale Ausbeutung des Unschuldigen im Strafverfahren, ÖJT 1994, 687;

Sykora, E-Mail – ein neues Medium im rechtsgeschäftlichen Verkehr? AnwBl 1990, 540;

Tades/Hoffmann, RAO[8] (2005);

***Thiele*, Anwaltskosten. Praxishandbuch und RATG-Kommentar[3] (2011);**

Thiele, Das Internet in der anwaltlichen Berufspraxis, AnwBl 1998, 670;

Thiele, Der juristische Aktenvermerk – praktische Hinweise für Berufsanwärter, AnwBl 2001, 130;

Thiele, Die Kosten eines Zivilprozesses in Österreich, dt AnwBl 1998, 512;

Thiele, Erfüllungsort und Honorarklagen österreichischer Anwälte nach Art 5 EuGVÜ/LGVÜ, AnwBl 2000, 528;

Thiele, Ersatz von Detektivkosten, RdW 1999, 769;

Thiele, Ertragsteuerliche Behandlung von Verfahrenskosten, RdW 2000, 442;

Thiery, Die Konten- und Geldverwaltung des Rechtsanwalts. Dem Andenken Ernst Jahodas, AnwBl 2005, 448;

Thiery, Die Pauschalhonorarvereinbarung, AnwBl 2006, 431;

Völkl/Völkl, Die Haftung der rechtsberatenden Berufe im Spiegel der Rechtsprechung (1991 bis 1996), ÖJZ 1998, 856, 906; 2002, 1, 2006, 261;

Wagner, Rechtsprobleme der Fremdfinanzierung von Prozessen, JBl 2001, 416;

Waldauf, Der Kostenspruch bei Klaglosstellung vor dem VwGH – Kehrtwende der Rechtsprechung? SWK 2005, 927;

Weber, § 50 Abs 2 ZPO – Kostenersatz im Rechtsmittelverfahren bei nachträglichem Wegfall des Rechtschutzinteresses, RZ 2004, 76, 105;

Wiltschek, ecolex-Memo: Zur Kostenberechnung in UWG-Verfahren, ecolex 1990, 494;

Zandl, Anwalt und Rechtsschutzversicherung, AnwBl 1989, 655;

Zeder, Die Klagseinschränkung auf Kosten, RZ 1989, 55;

***Ziehensack*, Schriftsätze für Rechtsanwälte, Bd I (Streitiges Gerichtsverfahren, 2005), Bd II (Forderungseintr. u. Exekution, 2006);**

***Ziehensack/Ruprecht*, Berufs- und Standesrecht der Rechtsanwälte[4] (2014);**

Zingher/Zingher, Der Kostenstreitwert der Räumungsklage, AnwBl 1992, 454;

Zitta, Anmerkungen zur standesrechtlichen Honorar-Richtlinie (§§ 50 bis 55 RL-BA 1977), AnwBl 1993, 226.

Abkürzungsverzeichnis

Die Abkürzungen entsprechen, soweit nicht anders angegeben, den Abkürzungs- und Zitierregeln (**AZR**)[6] nach *Friedl/H. Loebenstein*. Paragraphenzahlen ohne weitere Angaben sind solche der RAO.

ABGB	Allgemeines bürgerliches Gesetzbuch
Abs	Absatz
aE	am Ende
AG	Aktiengesellschaft
AHG	Amtshaftungsgesetz
AHK	Allgemeine Honorar-Kriterien für Rechtsanwälte (nunmehr für AHR)
AHR	Autonome Honorarrichtlinien für Rechtsanwälte (früherer Name der AHK)
AK	Arbeiterkammer
Anm	Anmerkung
AnwBl	AnwBl
arg	argumentum, argumento
Art	Artikel
ASGG	Arbeits- und SozialgerichtsG
BA	Barauslagen
BG	Bundesgesetz
BGBl	Bundesgesetzblatt
BlgNR	Beilagen zu den stenographischen Protokollen des Nationalrates
BMJ	Bundesministerium für Justiz
Bsp	Beispiel(e)
bspw	beispielsweise
B-VG	Bundes-Verfassungsgesetz in der Fassung von 1929
bzw	beziehungsweise
ca	circa
dh	das heißt
DR	Disziplinarrat
DSt	Disziplinarstatut
EGMR	Europäischer Gerichtshof für Menschenrechte
EMRK	Europäische Menschenrechtskonvention
ES	Einheitssatz (Begriff aus dem RATG)
EU	Europäische Union
EÜ	Entscheidungsübersicht
EuGH-VfO	Verfahrensordnung des Gerichtshofs
EuG-VfO	Verfahrensanordnung des Gerichtes erster Instanz der Europäischen Gemeinschaften
EUR	Euro
ev	eventuell
EvBl	Evidenzblatt der Rechtsmittelentscheidungen (Teil der ÖJZ)
f	und der/die folgende
ff	und die folgenden
FinProk	Finanzprokuratur
FN	Fußnote
gem	gemäß
GewO	Gewerbeordnung

GGG	GerichtsgebührenG
GP	Gesetzgebungsperiode
GZ	Geschäftszahl
hL	herrschende Lehre
hrsg	herausgegeben
idF	in der Fassung
idR	idR
idS	in dem Sinne
incl	inclusive
IO	Insolvenzordnung
iS	im Sinne
iSv	im Sinne von
iVm	in Verbindung mit
JBl	Juristische Blätter
JME	Erlass des BMJ
JN	Jurisdiktionsnorm
Jud	Judikatur
KA	Kammeranwalt
Komm	Kommentar
krit	kritisch
L	Lehre
leg cit	legis citatae (des zitierten Gesetzes)
LG	Landesgericht
LGZ	Landesgericht für Zivilrechtssachen
lit	litera (Buchstabe)
m	mit
MRG	MietrechtsG
MRK	Europäische Menschenrechtskonvention
MV	Masseverwalter
mwN	mit weiteren Nachweisen
mStv	mündliche Streitverhandlung
MwSt	Mehrwertsteuer
NaBl	Nachrichtenblatt der Rechtsanwaltschaft
NKT	Normalkostentarif
NO	Notariatsordnung
Nov	Novelle
Nr	Nummer
NR	Nationalrat
NRsp	Neue Rechtsprechung (Übersicht aktueller Rsp in kurzen LS in der ÖJZ)
NTG	NotariatstarifG
NV	Nova et Varia (Zeitschrift des Juristenverbandes)
NZ	Österreichische Notariats-Zeitung
OBDK	Oberste Berufungs- und Disziplinarkommission
OGH	Oberster Gerichtshof
ÖJZ	Österreichische Juristen-Zeitung
OLG	Oberlandesgericht
ÖRAK	Österreichischer Rechtsanwaltskammertag
ÖZW	Österreichische Zeitschrift für Wirtschaftsrecht

PG	Pauschalgebühren
ProkG	FinanzprokuraturG
RA	Rechtsanwalt
RAA	Rechtsanwaltsanwärter
RAe	Rechtsanwälte
RAO	Rechtsanwaltsordnung
RAPG	Rechtsanwaltsprüfungsgesetz
RAT	Rechtsanwaltstarif
RATG	RechtsanwaltstarifG
RDB	Rechtsdatenbank
RDB-Justiz	Volltext im RDB-Teil Justiz erhältlich
RdW	Recht der Wirtschaft (Zeitschrift)
RGBl	Reichsgesetzblatt
RGV	Reisegebührenvorschrift 1955
rk	rechtskräftig
RL	Richtlinie
RL-BA	Richtlinien für die Ausübung des Rechtsanswaltsberufes, für die Überwachung der Pflichten des Rechtsanwaltes und für die Ausbildung der Rechtsanwaltsanwärter 1977
RPG	RechtspraktikantenG
Rs	Rechtssache
Rsp	Rechtsprechung
Rz	Randzahl
RZ	Österreichische Richterzeitung
RZ-EÜ	Österreichische Richterzeitung- Entscheidungsübersicht
S	Seite, siehe
sog	sogenannt
StGB	Strafgesetzbuch
StGBl	Staatsgesetzblatt
StGG	Staatsgrundgesetz über die allgemeinen Rechte der Staatsbürger vom 21.12.1867
TP	Tarifpost
u	und
ua	unter anderem
uÄ	und Ähnliches
Übk	Übereinkommen
UGB	Unternehmensgesetzbuch
USt	Umsatzsteuer
UStG	Umsatzsteuergesetz
uU	unter Umständen
vgl	vergleiche
VO	Verordnung(en)
VfGG	VerfassungsgerichtshofG
VfGH	Verfassungsgerichtshof
VfSlg	Verfassungsgerichtshof-Entscheidungssammlung
VKI	Verein für Konsumenteninformation
VwGG	VerwaltungsgerichtshofG
VwGH	Verwaltungsgerichtshof
VwSlgNF	Verwaltungsgerichtshof-Entscheidungssammlung – Neue Folge

WBl	Wirtschaftsrechtliche Blätter (Teil der JBl)
WK	Wirtschaftskammer
Z	Ziffer, Zahl
zB	zum Beispiel
ZfV	Zeitschrift für Verwaltung
ZPO	Zivilprozeßordnung
zT	zum Teil
ZustG	ZustellG
ZVN	Zivilverfahrensnovelle

I. Allgemeiner Teil

A. Einleitung

Das anwaltliche Kostenrecht stellt einen wesentlichen Rechtsbereich dar, zumal es die ökonomische Grundlage für die Tätigkeit dieser beruflichen Parteienvertreter begründet. Obwohl in streng rechtlicher Betrachtungsweise der RA nicht als „Kaufmann" iSd alten Fassung des HGB (an dieser Terminologie wurde in Deutschland noch festgehalten) bzw als „Unternehmer" iSd aktuell geltenden UGB (auch wenn die Vorschriften über unternehmensbezogene Geschäfte des 4. Teiles des UGB sehr wohl auch im Verhältnis RA zu Klient zur Anwendung kommen) fungiert, muss der RA als Freiberufler danach trachten, das eigene wirtschaftliche Überleben für sich und seine Kanzlei sicherzustellen. Unter diesem steten Druck gewinnen die **rechtlichen Rahmenbedingungen für die Einkommenserzielung** bei Ausübung des freien Berufes der Advokatur daher immer mehr an Bedeutung.

Es geht dabei einerseits darum, dass der **RA als Leistungserbringer** eine angemessene Honorierung ansprechen kann, und andererseits sein Mandant oder der kostenersatzpflichtige Prozessgegner vor zu hoher Tarifierung bewahrt werden. Damit werden einerseits die **Schutzzwecke des anwaltlichen Kostenrechtes** angesprochen, andererseits wird dadurch aber auch die wesentliche Unterscheidung in Honorarrecht einerseits und Kostenrecht andererseits vor(weg)genommen.

Um das wirtschaftliche Überleben zu gewährleisten, bedarf es auch für den RA der wirtschaftlich-unternehmerischen Berechnung und Einstellung. Durch eine gewisse Anzahl an **„billable hours and services"** (verrechenbare Stunden und Leistungen) müssen „overhead" (Kanzleikosten, Steuern, Abgaben, Kammerumlagen und Lebensunterhalt) abgedeckt werden. Manche Berechnungen knüpfen etwa an ein Mindestmaß an geleisteten jährlichen RA-Stunden (bspw 1000–1200) an, um die Profitabilität zu gewährleisten. Dies gibt aber nur ungenügend Auskunft über den oft vorliegenden, noch weit höheren Gesamtarbeitsaufwand des Advokaten, der ihm oft eine „Workaholic"- und „Workhorse"-Mentalität abverlangt, um die bestmögliche Interessenvertretung der Mandanten sicherzustellen. Nicht ohne ernsten Hintergrund lautet eine scherzhafte Antwort auf die Frage nach der Flexiblität des Rechtsanwaltes, dass dieser die Freiheit hat, sich seine 80-Stunden-Woche nahezu nach Belieben einzuteilen (und dies noch dazu rund um alle fremdbestimmten Termine wie Gerichts- und Behördenverhandlungen, fristgebundene Klagen, Rechtsmittel und sonstige Schriftsätze, dringende Mandantentermine, zeitgebundene Organfunktionen etc).

B. Unterscheidung Honorarrecht – Kostenersatzrecht

Honorar:	Kosten:
gegenüber dem eigenen Mandanten	gegenüber dem (Prozess-)Gegner

Unterscheide daher zwischen:
- Honorarrecht (gegenüber dem eigenen Mandanten) und
- Kostenersatzrecht (gegenüber dem Gericht und in der Folge dem Prozessgegner)

Wie insbesondere auch zahlreichen Anwaltssoftwareprogrammen entnommen werden kann, bedarf es der sorgfältigen Verzeichnung sämtlicher erbrachter Leistungen. Gegenüber dem eigenen Mandanten kann sodann eine Honorarnote erstellt werden, gegenüber dem Gericht und der Gegenseite wird eine Kostennote gelegt. Daraus ist zu entnehmen, dass sich das Honorarrecht auf das Verhältnis zum eigenen Mandanten bezieht, während das Kosten-(Ersatz-)Recht die Erlangung der Ersatzleistung durch die Gegenseite im Auge hat. **Kosten** werden also von der jeweiligen Gegenseite eingenommen und zuvor üblicherweise vom Gericht zugesprochen, während das **Honorar** gegenüber dem eigenen Mandanten verzeichnet wird. Nur im Ausnahmefall der Einbringung einer Honorarklage erfolgt die Hereinbringung dann von der Gegenseite, zu welcher in der Folge der ehemalige Mandant bedauerlicherweise im Hinblick auf die Honorarstreitigkeit geworden ist.

Entsprechend unterscheiden anwaltliche Softwareprogramme zwischen der Erstellung von Kostennoten (gegenüber dem Gericht bzw Gegenseite) sowie Honorarnoten (gegenüber dem eigenen Mandanten).

In diesem Zusammenhang soll noch auf den Begriff des **„Kostentitels"** eingegangen werden. Dieser bezeichnet vom Gericht im Erkenntnis- oder Exekutionsverfahren zugesprochene Kosten. Der jeweilige Kostenzuspruch stellt dabei einen Exekutionstitel dar, welcher die Hereinbringungsmöglichkeit im Zwangsvollstreckungsverfahren bietet.

Anwaltliche Softwareprogramme ermöglichen bei der Erstellung von Kostennoten zumeist die beiden Varianten der **offenen sowie der geschlossenen/abgeschlossenen Kostennote**. Im letzteren Fall werden sämtliche Leistungen abschließend verzeichnet. Im ersteren Fall, welcher hauptsächlich vorkommt, werden sämtliche bisherigen Leistungen verzeichnet und hinsichtlich der aktuell zu verrechnenden Tagsatzung zur mündlichen Streitverhandlung eine Variantenverzeichnung durchgeführt. In einer Matrix werden die Kosten je nach einer gewissen hypothetischen Dauer der aktuellen Verhandlung ausgeworfen. In der Folge bedarf es für den einschreitenden Anwalt bloß des Ankreuzens bzw Einringelns der entsprechenden Verhandlungsdauer samt entsprechender Verzeichnung für diese Verhandlung und der sich hieraus ergebenden Gesamtkosten. Die Erstellung der offenen Kostennote stellt einen wesentlichen Mehrwert des Einsatzes anwaltlicher Software dar.

C. Grundsätze des anwaltlichen Kosten- und Honorarrechtes

- **Obsiegensgrundsatz der ZPO: „The winner takes it all!"** (§§ 41 ff ZPO)
- Führen genauer Aufzeichnungen (Leistungsverzeichnis, Anwaltssoftware!)
- Kein Verdienst für die Erstellung der Kosten- oder Honorarnote
- Eingeschränkte Rechtsmittelmöglichkeiten – weniger Judikatur, insbesondere kaum OGH-E zum Kostenrecht
- Barauslagenersatz idR extra („reimbursement of expenses")
- Aliquotierungspflicht bei Bearbeitung mehrerer Fälle etc
- RA als Zustellbevollmächtiger – grundsätzlich nur BA (insbesondere Porto-)Ersatz bzw für Briefe TP 5 und 6
- RATG = **„Mindestlohn"** als Kostenersatz, keine Unterschreitung außer geringere Beantragung durch RA

Dem Idealbild entspricht es, dass im Zuge der Bearbeitung eines Rechtsfalles einer Seite Kosten für das anwaltliche Einschreiten entstehen und diese sodann von der jeweiligen Gegenseite refundiert werden. Darin besteht der hervorragende Erfolg des anwaltlichen Einschreitens. Nicht nur, dass der Rechtsstandpunkt der eigenen Mandantschaft durchgesetzt werden konnte, hat sie diesem auch keine Kosten verursacht, da **„sich die anwaltliche Vertretung selbst finanziert hat"**.

Dieser Idealfall für die Mandantschaft baut auf dem **Obsiegensgrundsatz der ZPO** (vgl deren §§ 41 ff) auf. Nicht immer kann jedoch dieser Idealfall eintreten. Zahlreiche **Ausnahmen** bestehen hiervon: Dies betrifft etwa den Umstand, dass der Obsiegensgrundsatz nicht immer und in jedem Fall gilt. Bei nur teilweisem Obsiegen kommt es nach § 43 ZPO zum aliquoten Kostenersatz. Dies bedeutet, dass etwa bei Durchdringen mit einem Prozentsatz von zwei Dritteln die Gegenseite den Ersatz sämtlicher Barauslagen in Höhe von zwei Drittel schuldet, hinsichtlich der anwaltlichen Vertretung dagegen der Ersatz von zwei Dritteln der Kosten abzüglich des zu leistenden Ersatzes von einem Drittel stattzufinden hat, sodass also ein effektiver Kostenersatz in der Höhe von einem Drittel verbleibt (sog **„Saldierungs-**

grundsatz": keine Ausmittlung der tatsächlichen Höhe der wechselseitigen Kostenersätze im ersten Schritt, sondern Abzug 2/3 – 1/3 = 1/3 und sodann Festsetzung des Ersatzes von einem Drittel der tatsächlichen Höhe der detailliert ausgemittelten Kosten der eben [mehr] obsiegenden Seite). Bei Durchdringen mit der Hälfte des Klagebegehrens kommt es dementsprechend zur wechselseitigen Kostenaufhebung.

In bestimmten Sonderkonstellationen, nämlich etwa wenn die Ausmittlung des Schadensbetrages von (bspw medizinischen) Sachverständigengutachten abhängt, findet mit Ausnahme des Falles der Überklagung dennoch vollständiger Kostenersatz statt.

In manchen Verfahrensarten besteht kein bzw nur eingeschränkter Kostenersatz. Dies gilt – stark verkürzt – für den Großteil des **Strafverfahrens** sowie für das **Verwaltungsverfahren**. Zu Details s unten unter IV. D. Die Kostenfreiheit bzw Bestimmung nur eingeschränkten Kostenersatzes verfolgt zuweilen **soziale Zielsetzungen**. Ein wirtschaftlich schwacher Kläger bzw Antragsteller soll nicht von seiner Rechtsverfolgung dadurch abgeschreckt werden, dass er ein hohes Prozesskostenrisiko in Kauf nehmen müsste. Wenngleich derartige soziale Zielsetzungen in einigen Fällen durchaus ihr Ziel erreichen, können sie in anderen Fällen in umgekehrter Konstellation durchaus auch zu Härten führen. Gedacht sei etwa an den Fall, dass sich der Antragsgegner zur Anspruchsabwehr eines naturgemäß kostenpflichtigen RA bedienen musste und in weiterer Folge wegen der mangelnden Kostenersatzpflicht auf den Kosten sitzen bleibt, diese also endgültig selbst tragen muss.

Im Verwaltungsverfahren steht zumeist kein Kostenersatzanspruch, dies mit Ausnahme der Verfahren vor dem VwGH und VfGH zu. In besonderen Konstellationen (nämlich bei qualifizierter Rechtswidrigkeit eines ergangenen Bescheides, welcher bekämpft werden musste, also bei Ausübung behördlicher Willkür, Einnahme einer absolut unvertretbaren Rechtsauffassung) kann **im Wege des Amtshaftungsrechtes** noch ein Ausgleich erzielt werden. Dieser Aspekt wird bei der Darstellung des anwaltlichen Kostenrechtes zuweilen unberücksichtigt gelassen.

Allgemein gelten die folgenden weiteren Grundsätze für das Honorar- und Kostenrecht der RAe:

Es bedarf der **ständigen Führung genauer Aufzeichnungen** über Art und Inhalt der erbrachten Leistungen. Diesbezüglich unterlaufene nachlässige oder schlampige Aufzeichnungen können die Advokatur unnötig in Misskredit bringen und – zumal bei fehlender Nachweisbarkeit von verschiedenen Einzelleistungen – zum entsprechenden Entfall von Honoraransprüchen führen.

Für die Erstellung der Honorar- und/oder Kostennote gebührt kein Verdienst. So lautet § 18 RATG ausdrücklich: „Der Rechtsanwalt hat für die Verfassung des Kostenverzeichnisses oder der Honorarnote an die von ihm vertretene Partei keinen Anspruch auf Entlohnung." Dies gilt jedoch nur für die Honorar- bzw Kostennote als solche, wohl aber bestehen Verdienstansprüche für Schreiben, mit welchen Honorarnoten übermittelt werden, bzw Kostenbestimmungsanträge im Gerichtsverfahren, welche auch Kostennoten umfassen.

Aufgrund der **Rechtsmittelbeschränkungen** liegen zweitinstanzliche, nicht jedoch OGH-Entscheidungen zum Kostenrecht vor. Inwieweit dies rechtspolitisch zweckmäßig ist, erscheint fraglich. Auch bei Kostenentscheidungen, zumal wenn es um sehr hohe Beträge geht oder die Kostenentscheidung etwa die Hauptfrage betrifft, kann durchaus Interesse an der Wahrung der Rechtseinheit, Rechtssicherheit und gesetzeskonformen Rechtsentwicklung (gem § 502 Abs 1 ZPO Zulässigkeitsvoraussetzung für die Revision bzw nach § 519 Abs 2 ZPO für den Rekurs gegen einen im Berufungsverfahren ergehenden Beschluss des Berufungsgerichts bzw gem § 528 Abs 1 ZPO für den Revisionsrekurs, also den Rekurs gegen den Beschluss des Rekursgerichts) bestehen. Dennoch kommen in OGH-Entscheidungen zuweilen Kosten-Entscheidungen vor, dies aber nur als Annex zu einer Sachentscheidung im Hinblick auf die erwähnten Rechtsmittelbeschränkungen. Diese seltenen höchstgerichtlichen Kosten-Entscheidungen erlangen für die Praxis eine umso höhere Bedeutung.

§ 16 RATG sieht grundsätzlich die **gesonderte Vergütung der (Bar-)Auslagen** – mit Ausnahme jener durch den ES nach § 23 RATG erfassten (Postgebühren im Inland, Telefon- und Faxkosten etc, also alle jene Kosten, welche zur „Kanzleiinfrastruktur" zählen) – für Gerichtsgebühren, Postentgelte und andere Auslagen, einschließlich der Umsatzsteuer vor.

Ein weiterer wichtiger Grundsatz des Kostenrechts besteht in der **Aliquotierungspflicht** bei gleichzeitiger Bearbeitung und Verrichtung mehrerer Fälle **(„multitasking")**. So ordnet etwa § 17 RATG die für die Besorgung mehrerer Geschäfte während einer Reise die Aufteilung der Reisekosten auf die einzelnen Geschäfte im Verhältnis der Bemessungsgrundlagen an. Dieses Prinzip beschränkt sich jedoch nicht bloß auf die Reisekosten und Barauslagen, sondern gilt auch für das Verdienst. Zudem ergibt sich daraus die **Verpflichtung zur möglichst präzisen Kostenerfassung**. Kommt es bspw zum Geschäftsessen zwischen RA und Mandanten, bedarf es des (Zeit-)Abzuges für die Bestellungsaufgabe, Speiseneinnahme und nicht zum Fall gehörendes „Socializing". Verdienst nach dem RATG gebührt rite nur für die erbrachten anwaltlichen Leistungen.

Hinsichtlich des RA als **Zustellungsbevollmächtigten** ordnet § 20 RATG den Grundsatz bloßen Barauslagenersatzes (insbesondere Porto) an: „Der Rechtsanwalt, der zum Zustellungsbevollmächtigten bestellt worden ist, hat bloß Anspruch auf Vergütung der Auslagen für die Übersendung von Schriftstücken und auf die Entlohnung für die Verfassung und Abfertigung von Briefen."

§ 21 Abs 2 RATG dekretiert den **„Mindestlohn"-Grundsatz**: Unter die Ansätze des RAT darf, auch bei gerichtlicher Bestimmung der Entlohnung für Leistungen gleicher oder ähnlicher Art, die dem Tarif nicht unterliegen, nur heruntergegangen werden, wenn der RA keine höhere Entlohnung verlangt. Bei besonderer, deutlich über Durchschnittsfälle hinausgehender anwaltlicher Mühe kann im Einzelfall nach § 21 RATG höherer Verdienst zugesprochen werden, eine Unter-Tarif-Entlohnung sieht das Kostenersatzrecht dagegen nicht vor. Dies gilt jedoch nicht für das Honorarrecht. Gegenüber seinem eigenen Mandanten kann der RA Ermäßigungen auf den Tarif gewähren oder sogar gänzlich andere Abrechnungsmodelle vereinbaren. S dazu weiter unten unter II. B. 2.

D. Rechtsgrundlagen

RATG,

ferner: AHK, NTG, ZPO und JN, RAO, RL-BA, VwGG, VfGG, StEG, MRK, StPO, GBeschwG, AHG, ABGB (insbesondere §§ 879, 1152), StGB (§ 154)

Es besteht eine Vielzahl an Rechtsgrundlagen des anwaltlichen Kosten- und Honorarrechtes. Herzstück und hauptsächliche Rechtsquelle stellt das **RATG** aus dem Jahr 1969 (Gesetzesbeschluss vom 22. 5. 1969, BGBl 1969/189 idgF) dar. Hinzu treten die allgemeinen Honorar-Kriterien (AHK) 2005. Weitere Rechtsquellen finden sich im NotariatstarifG, der RAO, im allgemeinen bürgerlichen Recht (vgl §§ 1152, 1004 ABGB), im Normalkostentarif, in der JN, in der ZPO, im VfGG, im VwGG, in der Aufwandsersatzverordnung VwGH, im Strafrechtlichen EntschädigungsG, in der MRK, im GrundrechtsbeschwerdeG, in der StPO, im GebAG ua. Auch die Richtlinien zur Berufsausübung 1977 (RL-BA) enthalten Bestimmungen zum anwaltlichen Kostenrecht (s Art 9 und 10).

Wie beim Kaufmann bzw Unternehmer besteht der **Grundsatz der Entgeltlichkeit der anwaltlichen Leistungen**. Zur Höhe gilt nach § 1152 ABGB per analogiam das Kriterium der Angemessenheit. Der unbestimmte Rechtsbegriff der Angemessenheit wird durch das RATG bzw die AHK näher konkretisiert. Mangels anderer Vereinbarung gilt also im Verhältnis zum eigenen Mandanten jenes Honorar als vereinbart, welches dem RATG bzw den AHK entspricht. Dadurch wird ein Agieren im rechtsfreien Raum vermieden und herrscht weitgehende Klarheit in Kostenfragen. Kostenbewusste Mandanten bzw Haftpflichtige wie (Rechtschutz- und/oder Haftpflicht-)Versicherungen begehren zudem häufig prozentuelle Abschläge hiervon bzw Berechnungen nach Sonderkonditionen (Stundensätze etc).

Die Rechtsquellen des anwaltlichen Kostenrechtes bestehen also in erster Linie im **RATG**, darüber hinaus aber auch noch in den **AHK**, den Richtlinien für die Berufsausübung der Rechtsanwälte und Rechtsanwaltsanwärter (**RL-BA**) sowie einigen weiteren Normen, wie etwa dem **NTG** und dem **DSt**. Das Herzstück bildet das RATG, dessen Stammfassung (BGBl 1969/189) wesentlich jünger datiert als die RAO (RGBl 1898/96).

Zu den Rechtsquellen des Kostenrechtes der Rechtsanwälte im weiteren Sinn zählen aber auch noch andere Vorschriften wie bspw StGB, UWG und andere Vorschriften.
Relevante Normen stellen auch die folgenden dar:

- RL für den Substitutionsverkehr zwischen RA in einem europäischen Land und RA in einem anderen Land Europas,
- Geschäftsordnung des österreichischen RAKT (Kosten-GA),
- neun Geschäftsordnungen der RAKs und deren Ausschüsse (Kosten-GA).

Zuweilen erweist sich ein **Rechtsvergleich mit anderen Berufsordnungen** als zweckmäßig oder sogar notwendig. Erwähnt seien hier etwa die Vorschriften der GOA (Gebührenordnung für Architekten).

Zu den (indirekten) Rechtsquellen des Kostenrechtes zählen auch **Ge- sowie Verbotsnormen insbesondere des Zivil- und Strafrechtes**. Einerseits geht es dabei um das Verbot der Wucherei (§ 879 ABGB, Sachwucher nach § 155 StGB) sowie der Ausnützung einer Zwangslage eines Mandanten oder von dessen Unerfahrenheit, andererseits um die Vermeidung unerwünschter Honorar- bzw Kostengestaltungen. Zu Letzteren zählt das Quota-litis-Verbot, also das Verbot des (exorbitanten) Erfolgshonorares sowie das Verbot des An-sich-Lösens der Streitsache (§ 879 Abs 2 Z 1 erster und zweiter Fall ABGB).

E. Erfolgsgebundenheit der Anwaltskosten?

- **Grundsatz: bei Wertlosigkeit der anwaltlichen Leistung kein Honoraranspruch!**
- **Aber: Erfolg = NICHT Voraussetzung für Kosten-/Honoraranspruch**

Wie auch im Werkvertragsrecht gilt überdies, dass **bei Wertlosigkeit der anwaltlichen Leistung kein Honoraranspruch** besteht.

Beispiel:

RA Dr. Peter Pluto wird mit der Sondierung von Möglichkeiten der Wiederherstellung einer Ehe zwischen zwei aktuellen, aber sich entfremdet habenden Ehegatten von Frau Tamara Toot-Light beauftragt. In der Folge wirkt er aber nicht an den Versöhnungsbemühungen mit, sondern an der Vorantreibung des Scheidungsverfahrens sowie der Vorbereitung der Aufteilung der gemeinsamen Vermögensgüter. **Wie ist die Rechtslage? (Rechtmäßiges Vorgehen des beauftragten RA Dr. Pluto? Honoraranspruch Dris. Pluto gegeben?)**

Lösung:

In einer derartigen Konstellation widerspricht die Vorgehensweise des beauftragten RA sogar den Interessen der beauftragenden Mandantschaft. Derartige Leistungen sind von ihr nicht gewünscht und uU sogar wertlos; im letzteren Fall entsteht kein Honoraranspruch hierfür.

Davon muss jedoch strikt der Fall der **Erfolglosigkeit der anwaltlichen Leistung** unterschieden werden. IdR besteht der Honoraranspruch, nur im Ausnahmefall – nämlich bei Wertlosigkeit der Leistung – aber eben nicht.

Beispiel:

Der Landwirt Bruno Bauer will ein Tierspital wegen angeblicher Schlechtbehandlung einer seiner Kühe auf Schadenersatz (wegen des Wertes des dann verstorbenen Rindviehs und jener weiteren Tiere, welche sich von der angeblich schlecht behandelten Kuh angesteckt hätten und deshalb ebenfalls verstorben wären) gerichtlich belangen. Trotz der im Hinblick auf die Unwahrscheinlichkeit des Zutreffens des behaupteten Sachverhaltes und der voraussichtlich mangelnden Beweisbarkeit desselben äußerst schlechten Verfahrenserfolgsaussichten, welche RA Dr. Ernst Ehrenwert seinem Mandanten Bauer mündlich wie schriftlich mitgeteilt hat, besteht Bauer auf der Klagseinbringung. Nach deutlichem Verfahrensverlust („mit Bomben und Granaten") verweigert der Klient die Zahlung und behauptet Wertlosigkeit der erbrachten anwaltlichen Leistungen bzw deren fehlenden Mehrwert für ihn und sein Vermögen. Rechtmäßig?

Lösung:

Die Antwort lautet: Nein, natürlich nicht! Das Honorar wird – soweit rechtsrichtig verzeichnet – geschuldet. Der Fall zeigt jedoch auch die zuweilen bestehende Notwendigkeit der Absicherung des RA gegenüber später behaupteten Gegenforderungen des Mandanten wegen angeblicher Wertlosigkeit der erbrachten Leistungen. Das in der ZPO grundsätzlich verankerte Obsiegensprinzip bringt es eben mit sich, dass idR jeweils eine Seite kostenpflichtig gewinnt, während die andere verliert. Daraus kann jedoch regelmäßig nicht auf Wertlosigkeit der Leistungen des RA, welcher die unterlegene Seite vertreten hat, geschlossen werden! Die Imponderabilien (nahezu) jedes Gerichtsverfahrens (Prozessrisiko wegen schwierig voraussehbarem Ausgang des Beweisverfahrens, divergente Auslegungsmöglichkeit von Verträgen und sonstigen Parteienvereinbarungen, unterschiedliche Lösungen von Rechtsfragen in Judikatur und Lehre etc) können nicht auf dem Rücken des RA ausgetragen werden. IdR kann der berufliche Parteienvertreter nicht dafür verantwortlich gemacht werden, dass es zum Gerichtsverfahren gekommen ist. Der Prozessausgang hängt zudem oft von verschiedensten Faktoren ab. Der Verfahrensgewinn stellt nicht den vereinbarten Werkerfolg dar; es handelt sich zudem um keinen Werkvertrag, sondern um einen Bevollmächtigungsvertrag.

In diesem Zusammenhang muss das Problem des **„Schriftsatzunwesens"** angeschnitten werden. Zahlreiche eingebrachte Schriftsätze können einerseits ein Zeichen besonders engagierter anwaltlicher Vertretung darstellen, andererseits dem Verdacht der „Kostengenerierung" Nahrung geben. § 22 RATG ordnet daher an, dass (abgesonderte) Schriftsätze im zivilgerichtlichen wie im Exekutions-(Sicherungs-)Verfahren nur dann abgesondert entlohnt werden, wenn sie mit anderen Schriftsätzen nicht verbunden werden können oder das Gericht ihre abgesonderte Anbringung als notwendig oder als zweckmäßig erkennt. Daraus ergibt sich die grundsätzliche Schriftsatzverbindungspflicht, also die Zusammenfassung sämtlichen Vorbringens, der gesammelten Beweisanträge, Urkundenvorlagen etc in einem Schriftsatz. Der weniger organisiert vorgehende Parteienvertreter soll nicht gewissermaßen gegenüber dem konzentriert und effizient vorgehenden Berufskollegen dadurch bevorzugt werden, dass ihm mehrfacher Schriftsatzaufwand ersetzt wird, wo eine Konzentration in nur einem Schriftsatz erfolgen hätte können. § 41 ZPO ordnet idS ja auch nur den Ersatz der notwendigen Rechtsverfolgungskosten an.

II. Das anwaltliche Honorar

A. Der Vertrag als Grundlage des Honoraranspruches

Die Grundlage des Honoraranspruches des RA gegen seinen Mandanten liegt im anwaltlichen Mandatsvertrag.

Der Honoraranspruch des RA aufgrund seiner Beratungs- und Vertretungstätigkeit besteht – im Gegensatz zum Kostenersatzanspruch – nicht gegen den unterlegenen Prozessgegner, sondern **gegen seinen eigenen Mandanten**. Er findet seine Grundlage im **anwaltlichen Mandatsvertrag**. Dieser ist idR ein entgeltlicher Bevollmächtigungsvertrag, mit dem der RA zur Geschäftsbesorgung für seinen Mandanten beauftragt und mit entsprechender Vollmacht ausgestattet wird. Auf ihn finden vorrangig die standesrechtlichen Rechtsvorschriften (insbesondere die RAO u RL-BA) und subsidiär die Bestimmungen des ABGB über den Auftrag Anwendung. In Einzelfällen, etwa bei der Errichtung eines Vertrages, kann Werkvertragsrecht zur Anwendung kommen (OGH 14. 10. 2008, 8 Ob91/08b; vgl *Thiele*, Anwaltskosten[3] 4 f).

Eine **Ausnahme** vom Grundsatz des Honoraranspruches gegen den Mandanten für erbrachte und zur zweckentsprechenden Rechtsverfolgung notwendige anwaltliche Leistungen stellt die **Verfahrenshilfe** dar. Abgesehen vom Barauslagenersatz hat der RA als Verfahrenshelfer keinen Anspruch auf Kostenersatz mit Ausnahme des Kostenersatzes durch den Prozessgegner bzw bei erheblichem Verfahrensaufwand. Der Verfahrenshelfer darf eine **Entlohnung weder vom Mandanten noch von einem Dritten verlangen**, kann jedoch eine von dritter Seite **freiwillig angebotene Entlohnung** auch während der Vertretung **annehmen**. Vom Verfahrensbeholfenen darf er nur nach Abschluss der Vertretung eine freiwillig angebotene Belohnung entgegennehmen (§ 58 RL-BA, s dazu auch *Ziehensack/Ruprecht*, Berufs- und Standesrecht der Rechtsanwälte[4] 34 f).

Beispiel:

Überwiegen im Rechtsverhältnis die dem **Bevollmächtigungsvertrag** zu unterstellenden Leistungen, gilt (ausschließlich) Anwaltsvertragsrecht. Zielt dagegen der Gegenstand des mit dem RA geschlossenen Vertrags auf nichtanwaltliche Tätigkeit ab, oder ist die rein anwaltliche Tätigkeit nur von untergeordneter Bedeutung, gilt nicht Anwaltsvertragsrecht, sondern – auch für die Entlohnung – das dem Vertragsgegenstand entsprechende Recht, bspw für eine Kreditverschaffung Maklerrecht (OGH 17. 12. 2008, 3 Ob197/08d).

Beispiel:

Wird ein RA mit der Durchführung einer Auslandsreise und der Klärung bestimmter Vermögenswerte beauftragt, so schuldet er erkennbar nicht bloß ein Bemühen, sondern ein Ergebnis, wobei nach dem Inhalt des konkreten Vertrages nicht Verrichtungen rechtlicher Art wie bei der Geschäftsbesorgung, sondern mehr tatsächliche Handlungen im Vordergrund standen und sich kaum Elemente eines Bevollmächtigungsvertrages finden. Es handelt sich daher hier um einen Vertrag, der nach Werkvertragsregeln zu beurteilen ist und auf den §§ 1165 ff ABGB einschließlich der Regeln über den Kostenvoranschlag (bzw den Schätzungsanschlag) nach § 1170a ABGB anzuwenden sind (OGH 21. 5. 2001, 10 Ob 82/00g = JBl 2002, 108).

B. Honorargrundsätze

1. Allgemeines

1. Der Honoraranspruch des RA ergibt sich aus der **Honorarvereinbarung** mit dem Mandanten.
2. Ohne entsprechende Vereinbarung kommen die gesetzlichen Tarifbestimmungen des **RATG** zur Anwendung.
3. Mangels anwendbaren Tarifs gebührt ein **angemessenes Entgelt** iSd § 1152 ABGB (Orientierungshilfe für die Angemessenheit bieten ua die **AHK**).

Gem § 17 Abs 1 RAO hat der RA **Anspruch** auf das mit seinem Mandanten **vereinbarte Honorar**. **Die Unentgeltlichkeit** der Tätigkeit müsste **gesondert vereinbart** sein, da das Wesen des anwaltlichen Mandatsvertrages grundsätzlich die entgeltliche Leistungserbringung beinhaltet (OGH 18. 9. 1991, 1 Ob598/91 = AnwBl 1992/4258). Wurde **keine Honorarvereinbarung** getroffen, kann der RA die Abgeltung seiner anwaltlichen Leistungen nach den Bestimmungen des **RATG** beanspruchen. Unterliegt die abzurechnende Tätigkeit nicht dem RATG, kann er ein **angemessenes Entgelt iSd §§ 1004 iVm 1152 ABGB** fordern, da nach § 17 Abs 1 RAO für Fälle, in denen weder eine Vereinbarung getroffen wurde noch das RATG anwendbar ist, die Bestimmungen des Dienstvertrages zur Anwendung kommen sollen. Hinsichtlich der Feststellung der Angemessenheit der Honorarabrechnung kommt den **AHK** (früher AHR) des Österreichischen Rechtsanwaltskammertages wesentliche Bedeutung zu. Diese sind zwar nicht rechtlich verbindlich, es wurde ihnen jedoch von der Judikatur der Charakter eines **kodifizierten Sachverständigengutachtens** über die Angemessenheit der anwaltlichen Leistungen zuerkannt (OGH 11. 11. 1992, 1 Ob 608/92). Die AHK beinhalten zu diesem Zweck einerseits eigene Honoraransätze und Bemessungsgrundlagen, verweisen jedoch andererseits für bestimmte Leistungen auf die sinngemäße Anwendung des RATG bzw anderer Tarife wie zB das NTG für die Vertragserrichtung.

2. Die Honorarvereinbarung

Das **Recht des RA auf freie Honorarvereinbarung** mit dem Mandanten ergibt sich aus § 16 Abs 1 RAO, § 2 Abs 1 RATG und § 50 Abs 1 RL-BA. Es findet sich ebenfalls in § 1 AHK, wobei § 3 AHK – bei grundsätzlicher Formfreiheit – **Schriftlichkeit** für Honorarvereinbarungen **empfiehlt**. Es ist daher sinnvoll, die Art der Leistungsabrechnung, eine etwaige Zwischenabrechnungsvereinbarung (§ 52 RL-BA) und die Wahlmöglichkeit zwischen Einzelleistungsabrechnung und Einheitssatz (§ 23 Abs 2 RATG) bereits vorab mit dem Mandanten zu besprechen und zu Beweiszwecken in den anwaltlichen Mandatsvertrag aufzunehmen.

Eingeschränkt wird das Recht auf freie Honorarvereinbarung va durch das Erfordernis der Angemessenheit des Honorars und durch die Ablehnung der Rechtsordnung von bestimmten, als unzulässig angesehenen Arten von Honorarvereinbarungen.

a) Angemessenheit des Honoraranspruches

Bei Honorarvereinbarungen ist auf deren Angemessenheit zu achten, dh, der RA hat die Überschreitung eines üblichen Honoraranspruches entsprechend sachlich zu begründen, wie etwa durch besonderen Umfang und Komplexität seiner Leistungen.

Die wichtigste **Grenze der freien Honorarvereinbarung** stellt das Erfordernis der **Angemessenheit** des Honorars dar. Die Verabredung eines **überhöhten Honorars** ohne sachliche Rechtfertigung ist demzufolge standeswidrig und kann als **Disziplinarvergehen** geahndet werden (OGH 8. 1. 1963, 8 Ob 367/62, OGH 13. 8. 2014, 25 Os 10/14d).

Gem § 1152 ABGB wird jenes Entgelt als angemessen angesehen, das sich unter Berücksichtigung aller Umstände und unter Bedachtnahme auf das, was unter ähnlichen Umständen geleistet wird, ergibt (OGH 11. 12. 1973, 4 Ob 89/73 ua). Das Honorar muss im Verhältnis zur erbrachten Leistung stehen (vgl § 50 Abs 3 RL-BA für das Pauschalhonorar). Bei der Beurteilung der Angemessenheit eines anwaltlichen Honoraranspruches wird daher von den **im RATG und den AHK beschriebenen und bewerteten „Standardleistungen"** eines RA **ausgegangen** und **auf vergleichbare Fälle angewendet**. Dieser Grundsatz findet sich ausdrücklich in § 18 AHK. Geht die Tätigkeit des RA aufgrund des **Umfanges und der Komplexität** erheblich über das Übliche hinaus, kann gem § 4 AHK ein **höheres Honorar vereinbart werden**. Dies muss jedoch im Streitfall entsprechend nachgewiesen werden. Geringfügige Überschreitungen sind hingegen grundsätzlich unproblematisch.

! **Beispiel:**

Der RA hat seinem Klienten gegenüber in erster Linie Anspruch auf das vereinbarte Entgelt (§ 17 Abs 1 RAO). Besteht keine Vereinbarung, hat er Anspruch auf angemessenes Entgelt. Bei Ansprüchen, für die ein Tarif besteht, ist idR nur der entsprechende Tarifsatz als angemessenes Entgelt anzusehen. Dabei kommt in erster Linie der Rechtsanwaltstarif in Betracht. Allenfalls ist der **Rechtsanwaltstarif analog anzuwenden**. (OGH 11. 11. 1971, 1 Ob 296/71).

Ist die Vereinbarung eines höheren Honorars erlaubt, stehen dem RA dazu mehrere Möglichkeiten offen. Am gebräuchlichsten scheint die schlichte **Erhöhung der Bemessungsgrundlage**, jedoch ist auch die Vereinbarung eines **Pauschal-, Stunden- und Erfolgshonorars** möglich. Unter denselben Voraussetzungen kann ebenfalls die Vereinbarung eines **geringeren als des üblichen Honorars zulässig** und sinnvoll sein.

b) Arten zulässiger Honorarvereinbarungen

- Die **Pauschalhonorarvereinbarung** beinhaltet die zeit- und aufwandsunabhängige Erbringung einer bestimmten, meist standardisierten Leistung gegen Bezahlung eines fixen Honorars.
- Der **Stundensatz** knüpft an die aufgewendete Arbeitszeit an, nicht jedoch an die Art der erbrachten Leistung.
- Ein **Erfolgshonorar** kann zusätzlich zum sonstigen Honorar unter Beachtung des Verbotes der quota litis vereinbart werden.

Die **Pauschalhonorarvereinbarung** umfasst die **zeit- und aufwandsunabhängige Erbringung** einer bestimmten, meist **standardisierten Leistung gegen Bezahlung eines fixen Honorars**. Sie wird üblicherweise bei einfachen Gesellschaftsgründungen oder Liegenschaftstransaktionen getroffen, wenn der Aufwand leicht im Vorhinein abgeschätzt werden kann. Demzufolge sollte bei einem unvorhersehbaren Umfang der Leistungserbringung von dieser Honorarvereinbarung Abstand genommen werden, da der RA Gefahr läuft, kein adäquates Honorar zu erhalten. Im Gegensatz zum Kostenvoranschlag bietet die Vereinbarung eines Pauschalhonorars nicht nur den Vorteil, dass beide Vertragspartner bei Vertragsabschluss schon die Honorarhöhe kennen, sondern dass **der RA sich auch die konkrete und detaillierte Abrechnung der von ihm erbrachten Einzelleistungen erspart**. Diesbezüglich sieht § 52 Abs 2 RL-BA auch eine Ausnahme vom Recht des Mandanten, vom RA eine Zwischenabrechnung zu verlangen, vor (*Thiery*, Die Pauschalhonorarvereinbarung, AnwBl 2006, 431).

Gem § 50 Abs 3 RL-BA muss auch bei der Vereinbarung von Pauschalhonoraren die **Angemessenheit beachtet werden**, da diese unter Bedachtnahme auf die zu erbringende Leistung und das Interesse des Mandanten bemessen werden sollen. Es darf daher kein offensichtliches und beträchtliches Missverhältnis zwischen dem vereinbarten Pauschalhonorar und der erbrachten Leistung bestehen. Kriterien für die Angemessenheit sind insbesondere Umfang und Schwierigkeit des Auftrages, Haftungsrisiko sowie Erfahrung und Grad der Spezialisierung des Anwaltes. Dies ist immer im Einzelfall zu beurteilen.

Schließlich empfiehlt es sich, den Mandanten bei Abschluss des Mandatsvertrages darauf hinzuweisen, dass das vereinbarte **Pauschalhonorar grundsätzlich keine Gebühren, Steuern und Barauslagen enthält**, um einen möglichen, aus einem Missverständnis darüber resultierenden Honorarprozess zu vermeiden. Dies gilt jedoch nur, wenn mit dem Mandanten diesbezüglich keine eigene Vereinbarung, wie zB ein Pauschalhonorar inklusive Barauslagen und Abgaben, getroffen worden ist (*Thiery*, Die Pauschalhonorarvereinbarung, AnwBl 2006, 431).

> **! Beispiel:**
>
> RA Dr. Peter Pluto vereinbart mit seinem Mandanten Willi Wechsel ein Pauschalhonorar, welches auch dann zur Gänze fällig sein soll, wenn Willi Wechsel den Mandatsvertrag vorzeitig kündigt. Ist diese Honorarvereinbarung zulässig?
>
> **Lösung:**
>
> Die Vereinbarung eines (angemessenen) Pauschalhonorars, das auch dann fällig sein soll, wenn der Mandant die Vollmacht vorzeitig kündigt, erfüllt den Tatbestand der Verletzung von Ehre und Ansehen des Standes, weil sie es dem Vollmachtgeber aus wirtschaftlichen Gründen praktisch unmöglich macht, das Vollmachtsverhältnis jederzeit aufzulösen, und dies dem Recht auf freie Anwaltswahl widerspricht (OBDK 14. 4. 2008, 14 Bkd 13/07).

Im Gegensatz zur Pauschalhonorarvereinbarung ist der **Stundensatz** nur **auf die aufgewendete Arbeitszeit ausgerichtet**, lässt aber die tatsächlich vom RA erbrachte Leistung außer Acht. Daher können sich aufgrund der unterschiedlichen Arbeitsgeschwindigkeiten der RAe bei der Erbringung ein und derselben Art anwaltlichen Leistung große Honorarunterschiede ergeben. Bei der Vereinbarung eines Zeithonorars sollte der Mandant darüber aufgeklärt werden, dass auch Fahrzeiten, Aktenstudium und die für rechtliche Recherchen aufgewendete Zeit in die Abrechnung hineinfallen (*Feil/Wennig*, Anwaltsrecht[5] § 50 RL-BA Rz 1).

Um dem Mandanten trotzdem eine gewisse Kontrollmöglichkeit zu geben, wird der RA durch § 50 Abs 4 RL-BA zum **Führen einer Zeitaufzeichnung** über die erbrachten Leistungen und den damit verbundenen Zeitaufwand verpflichtet.

> **! Beispiel:**
>
> Bei der ersten Besprechung in der Kanzlei des RA Dr. Peter Pluto erklärte dieser seinem neuen Mandanten Gustav Geizig, dass er das Mandat nur auf Basis eines stundenabhängigen Zeithonorars übernehme. Der RA legte dem Mandanten die Stundenhonorarsätze für ihn selbst und für seine Mitarbeiter dar. Diese sollten auch monatlich abgerechnet werden können, aber nicht müssen. Damit war Gustav Geizig einverstanden. Über eine Gesamtsumme bzw eine betragliche Obergrenze wurde dabei nicht gesprochen. In der Folge legt der RA eine Honorarnote, die der Mandant nicht zu Gänze begleicht, da sie wesentlich höher ist als von ihm erwartet. Besteht in diesem Fall eine Aufklärungs- oder Warnpflicht des RA über die Höhe eines nach Stundensätzen abgerechneten Honorars?
>
> **Lösung:**
>
> Liegen keine Anhaltspunkte dafür vor, dass der für den Mandanten akzeptable Honorarbetrag überschritten wird, trifft den RA hier keine **Aufklärungs- bzw Warnpflicht** hinsichtlich des nach Stundensätzen vereinbarten Honorars (OGH 3. 10. 2008, 3 Ob 132/08w = AnwBl 2009/154). Beachte jedoch die allgemeine Aufklärungspflicht des RA über die Kostenfolgen seines Einschreitens, s dazu weiter unten das Kapitel „Aufklärungspflichten".

Die Vereinbarung eines **Erfolgshonorars** ist nur insoweit zulässig, als es als **Zuschlag zum Grundhonorar** vorgesehen wird und **nicht in einer prozentuellen Beteiligung am Streitwert besteht** (s dazu das nachfolgende Kapitel über unzulässige Honorarvereinbarungen). Das Erfolgshonorar muss ebenfalls **angemessen sein**, dh, es darf im Falle des Erfolges nicht unverhältnismäßig hoch im Vergleich zur geleisteten Arbeit sein (OBDK 28. 5. 1990, Bkd 2165/90 = AnwBl 1991/3617).

Ausdrücklich vorgesehen und damit zulässig ist die Vereinbarung eines Erfolgshonorars gem § 12 AHK **in offiziösen Strafsachen** im Umfang von **bis zu 50 %** des Honorarbetrages. Diese Bestimmung sieht die Anwendung in den Fälle vor, in denen

- der Mandant freigesprochen wird,
- wegen eines mit niedrigerem Strafsatz bedrohten Verbrechens oder Vergehens verurteilt wird oder
- das Strafverfahren überhaupt eingestellt wird.

§ 13 Abs 1 AHK erweitert den Anwendungsbereich des § 12 AHK auf Verwaltungsstrafsachen, Finanzstrafverfahren und Disziplinarverfahren.

! **Beispiel:**

Friedrich Wirt beauftragt RA Dr. Peter Pluto, gegen einen ablehnenden Bescheid des Magistratischen Bezirksamtes über die Erteilung einer Gastgewerbekonzession Berufung zu erheben. Als angemessenes Honorar dafür wurde die Bezahlung eines Pauschalbetrages von 1.500,– Euro vereinbart, da der Inhalt dieser Berufung nicht besonders umfangreich oder rechtlich komplex ist. Daneben wurde für den Fall der erfolgreichen Berufung ein zusätzliches Erfolgshonorar in derselben Höhe vereinbart. Ist diese Vereinbarung zulässig?

Lösung:

Nein, die Vereinbarung ist (auch zivilrechtlich, arg § 879 ABGB!) unzulässig. Die Vereinbarung eines im Verhältnis zum Arbeitsaufwand und Erfolg unverhältnismäßig hohen Erfolgshonorars zusätzlich zu der bereits abgeschlossenen Pauschalkostenvereinbarung widerspricht den RL-BA und bildet das Disziplinarvergehen der Beeinträchtigung von Ehre und Ansehen des Standes (OBDK 11. 5. 1981, Bkd 65/80 = AnwBl 1982/1559).

Neben diesen zulässigen Arten des Honorars besteht ein weiter Bereich möglicher Vereinbarungen zwischen Mandant und RA hinsichtlich der Abwicklung der Bezahlung. So kann etwa auch darüber eine Übereinkunft getroffen werden, dass Honoraransprüche zur Gänze oder zum Teil aus (Fruktifikations-) Zinsen von auf dem Treuhandkonto des Anwaltes einlangender Gelder abgedeckt wird. **Aufrechnungsvereinbarungen** werden in weitem Ausmaß zugelassen.

Eventualitäten müssen jedoch mitbedacht werden, andernfalls sie von der Vereinbarung nicht mitumfasst werden. Soll etwa auch die Aufrechnung bzw Gegenverrechnung mit nicht nur unstrittigen, sondern auch bestrittenen Honorarforderungen erfolgen dürfen, bedarf es einer ausdrücklichen dahin gehenden Vereinbarung. Andernfalls bedarf es des Gerichtserlages bei Bestreitung des Honoraranspruches bei sonstiger disziplinärer Verantwortung des RA. S dazu OBDK 2. 11. 2009, 11 Bkd 1/09 = AnwBl 2010/8223 mit zust Anm *Klingsbigl*.

c) Unzulässige Honorarvereinbarungen

- Verbot des An-sich-Lösens einer anvertrauten streitverfangenen Sache und
- der Quotenbeteiligung am Erfolg.

Unzulässige Honorarvereinbarungen ergeben sich sowohl aus dem Zivilrecht wie auch aus dem anwaltlichen Standesrecht.

Der RA darf eine **ihm anvertraute Streitsache nicht an sich lösen**, dh durch Abtretung oder Eigentumsübertragung den Streitgegenstand vom Klienten erwerben (§ 16 Abs 1 RAO und § 879 Abs 2 Z 2 ABGB). Darunter sind auch Forderungen des Mandanten zu verstehen. Das Verbot erfasst nicht die Inkassozession, die Sicherungszession, die Verpfändung und die Zession zahlungshalber (vgl *Apathy/Riedler* in *Schwimann*, ABGB³ § 879 ABGB Rz 17). § 879 Abs 2 Z 2 ABGB verbietet es dem RA darüber hinaus, sich einen prozentuell bestimmten Teil des obsiegten Betrages versprechen zu lassen. Ebenso scheidet daher auch die Vereinbarung einer **Quotenbeteiligung am Erfolg** (sog „Verbot der quota litis") aus. Derartige Vereinbarungen sind nicht nur disziplinär, sondern zudem auch noch **zivilrechtlich nichtig**.

Diese Bestimmungen dienen dem Schutz der rechtsuchenden Bevölkerung, die zumeist die Erfolgsaussichten eines Verfahrens nicht abschätzen kann und vor unangemessener Honorierung der Leistungen des einschreitenden RA geschützt werden soll.

Die Verabredung eines **Erfolgshonorars oder eines Zuschlags neben dem Grundhonorar** wird als **zulässig** erachtet, sofern dies mit der Partei gesondert vereinbart wurde (OGH 15. 2. 1972, 6 Ob 240/72). Es darf jedoch nicht in einem derartigen Missverhältnis zum Grundhonorar stehen oder so gestaffelt sein, dass es einer Streitanteilsvereinbarung entspricht (OBDK 28. 5. 1990, Bkd 21/90 = AnwBl 1991/3617).

Als weitere Beispiele unzulässiger Honorarvereinbarungen sind, wie bereits beschrieben, die **überhöhte Honorarvereinbarung** und die Entlohnung des **Verfahrenshelfers** zu nennen. Gem § 51 RL-BA darf der RA für seine Tätigkeit auch keinen Maklerlohn (**Provision**) verlangen.

> **Beispiel:**
>
> Wenn ein RA streitverfangene Liegenschaftsanteile kauft, um damit einen Honoraranspruch seines Klienten abzudecken, hat er **keine „ihm anvertraute Streitsache an sich gelöst"**. Es ist auch der **unabhängig von einer Honorarforderung** erfolgende Verkauf der in Streit verfangenen Sache an den RA von § 16 Abs 1 RAO und § 879 Abs 2 Z 2 ABGB nicht umfasst (OBDK 4. 10. 2004, 14 Bkd 3/04 = AnwBl 2005/7992).

d) Aufklärungspflichten

Der RA ist insbesondere dann verpflichtet, seinen Mandanten über die Kostenfolgen seines Einschreitens aufzuklären, wenn dieser diesbezüglich eine falsche Vorstellung hat oder unerfahren und unsicher erscheint.

Der RA ist gemäß der in § 9 RAO statuierten Treuepflicht gegenüber seinem Mandanten nicht nur zur umfassenden, auf den Vertretungs- bzw Beratungsfall bezogenen Rechtsbelehrung und Einschätzung etwaiger Prozessaussichten verpflichtet, sondern grundsätzlich auch zur **Aufklärung über** die im Zuge der anwaltlichen Tätigkeit auf diesen zukommenden **Kostenfolgen** (OBDK 19. 9. 1988, Bkd 44/88 = AnwBl 1990/3309). Dies beinhaltet auch die Abgabe einer **Schätzung** der voraussichtlichen **Prozesskosten** für den Fall des Verfahrensverlustes wie auch der Höhe der eigenen **Honorarforderung**. Das wird insbesondere im Zuge der Vertretung in einem Prozess nicht immer einfach sein, da die Kosten vom Verfahrensverlauf abhängen und nicht ausschließlich in der Hand des Rechtsvertreters liegen. Die Anzeige der erheblichen Überschreitung des geschätzten Kostenbetrages empfiehlt sich ebenfalls, da jedenfalls im Anwendungsbereich des § 5 KSchG Kostenschätzungen ohne Vorbehalt verbindlich sind und der RA daher Gefahr läuft, seine Mehrleistungen nicht abgegolten zu bekommen (OGH 7. 7. 2005, 2 Ob 145/05w = JBl 2006, 44). Zudem ist nach neuerer Rsp auf Kostenschätzungen des RA § 1170a Abs 2 ABGB sinngemäß anzuwenden (OGH 15. 12. 2009, 1 Ob 219/09a). Eine **Aufklärungspflicht ist jedenfalls dann gegeben**, wenn der Mandant eine **unzutreffende Meinung** über die auf ihn zukommenden Kosten äußert oder überhaupt erkennen lässt, dass er in solchen Fragen **unerfahren und unsicher** ist. **Keine Aufklärungspflicht** über die zu erwartende Honorarverrechnung wird hingegen dann anzunehmen sein, wenn der Mandant zu erkennen gibt, dass er mit den Verhältnissen **vertraut ist** oder eine entsprechende **Belehrung überhaupt ablehnt** (OGH 25. 4. 1995, 10 Ob 509/95 = JBl 1995, 732).

Für die **Wahlmöglichkeit** des RA gem § 23 Abs 2 RATG, **Einzelleistungen statt des Einheitssatzes zu verrechnen**, macht das Gesetz keine Vorgaben, ob dies dem Mandanten bereits zu Beginn der Tätigkeit oder erst im Zuge der Honorarabrechnung nach Beendigung des Mandats bekannt gegeben werden muss. Grundsätzlich wird daher davon auszugehen sein, dass auch hier die Aufklärungspflicht des RA vom **Wissensstand des Mandanten** über die Kostenfolgen abhängt (vgl *Thiele*, Anwaltskosten[3] § 23 RATG 285 f, *Feil/Wennig*, Anwaltsrecht[5] § 23 RATG Rz 5).

Eine besondere Pflicht zur Aufklärung besteht, wenn der Mandant über eine Rechtsschutzversicherung verfügt. hat. In diesem Fall muss der RA prüfen, ob der Klient einen Anspruch gegenüber seiner Versicherung auf Bezahlung des Honorars seines Rechtsvertreters hat und daher die **Kosten nicht selbst tragen muss**. Dazu gehört auch, dass der RA, gegebenenfalls nach Durchsicht des Versicherungsvertrages oder Rücksprache mit dem Versicherer, dem Mandanten die Grenzen seines Versicherungsschutzes (zB die Höhe der Deckungssumme) sowie die Folgen der Überschreitung erläutert (OGH 18. 12. 1996, 6 Ob 2174/96s). Es zählt also idR zu den Leistungen des RA, sich bei der Rechtsschutzversicherung um die **Deckungszusage** (Zusage der Versicherung, dass Versicherungsdeckung besteht und die Kosten im konkreten Fall zur Gänze oder zT [uU Beschränkung auf das Vorverfahrensstadium oder die erste Instanz] übernommen werden) zu bemühen.

Er ist hingegen **nicht verpflichtet**, seinen Mandanten darauf **hinzuweisen**, dass seine **Honorarforderung einen erlegten Kostenvorschuss** erheblich **übersteigen wird** (OGH 7. 7. 2005, 2 Ob 145/05w).

§ 50 Abs 2 RL-BA **empfiehlt** dem RA zudem, seinen Mandanten insbesondere über die **Berechnungsgrundlage** für die Honorierung sowie die Berechtigung zur **Zwischenabrechnung zu informieren.**

Zur Aufklärungspflicht des RA kommt das **Recht des Mandanten** hinzu, sich gem § 52 Abs 2 RL-BA **regelmäßig über die erbrachten Leistungen** von seinem Rechtsvertreter **informieren zu lassen**, um die auf ihn zukommende Honorarforderung besser einschätzen zu können.

3. Honorierung „besonderer" Leistungen

Für bestimmte Leistungen, für deren Abgeltung weder eine Honorarvereinbarung getroffen wurde noch das RATG eigene Tarifansätze vorsieht bzw diese auch nicht mit anderen anwaltlichen Leistungen vergleichbar sind, sehen die AHK spezielle Grundsätze für die angemessene Honorarabrechnung vor.

Zu diesen „besonderen" Leistungen des RA gehören va die Vertragserrichtung, die Erstattung von Rechtsgutachten, die Verwahrung von Geldern und bestimmten Wertpapieren, die Tätigkeit als Schiedsrichter, Reisen und die Leistungserbringung außerhalb der üblichen Tätigkeitszeiten. Zu deren **angemessener Honorierung verweisen die AHK oftmals auf andere gesetzliche Tarifbestimmungen** wie das NTG für die Vertragserrichtung oder Verwahrung und das RATG für die Erstattung von Rechtsgutachten.

a) Vertragserrichtung

Errichtet der RA im Auftrag seines Mandanten einen Vertrag (oder sonstige Urkunden, Erklärungen und letztwillige Verfügungen), besteht nach den bereits dargestellten Grundsätzen die Möglichkeit, für die Entlohnung dieser Leistung eine Honorarvereinbarung abzuschließen. Diesfalls bietet sich insbesondere die Vereinbarung eines Pauschalhonorars für die Erstellung eines „Standardvertrages" oder die Abrechnung nach Stundensätzen für eine umfangreiche und inhaltlich komplexe Vertragsurkunde an (s dazu genauer oben das Kapitel „Arten zulässiger Honorarvereinbarungen"). Mangels einer entsprechenden Vereinbarung **verweist § 8 Abs 5 AHK auf die Ansätze des Notariatstarifsgesetzes (NTG)**. Von der Verweisung ausgenommen sind die Bemessungsgrundlagen für die Honorarabrechnung, da die AHK in § 5 umfassende eigene Ansätze enthalten.

Nach § 2 NTG beinhaltet die tarifmäßige Gebühr nicht nur die **Entlohnung für die Errichtung** der Urkunde selbst, sondern **auch für alle damit gewöhnlich verbundenen sonstigen Leistungen**, dh, Nebenleistungen dürfen nur insoweit gesondert verrechnet werden, als sie entweder außerhalb der Kanzlei erbracht wurden oder normalerweise nicht mit einer Vertragserrichtung im Zusammenhang stehen. § 3 NTG sieht darüber hinaus eine **Erhöhung der Gebühr** bis zu dem Doppelten des Grundbetrages vor, wenn die Tätigkeit **außergewöhnlich umfangreich**, mit besonderen Schwierigkeiten oder erheblichem Zeitaufwand verbunden war.

Sonstige von diesen Bestimmungen nicht erfasste Leistungen können gesondert abgerechnet werden.

Für die **Begutachtung und Überarbeitung fremder Vertragsurkunden** gilt gem § 8 Abs 5 letzter Satz AHK eine Entlohnung nach **TP 3A bis TP 3C RATG** als angemessen. Erst wenn die Überarbeitung einer derart mangelhaften Urkunde einer Neuerrichtung gleichkommt, finden die diesbezüglichen Bestimmungen des NTG Anwendung. Es wird jedoch auch die Verrechnung der Hälfte der Kosten für die Erstellung eines neuen Vertrages gem § 2 Abs 1 RATG iVm § 4 NTG als zulässig angesehen (vgl ***Thiele***, Anwaltskosten[3] 68).

b) Erstattung von Rechtsgutachten

Rechtsgutachten, Honorarrahmen/Bandbreite:	TP 3A – 2* TP 3C

§ 8 Abs 2 AHK sieht für die Erstattung von Rechtsgutachten durch den RA, mangels Honorarvereinbarung mit dem Mandanten, die Abrechnung der erbrachten Leistung nach **TP 3A bis zum doppelten TP 3C RATG** als angemessen an. Welcher dieser Tarifansätze im konkreten Fall herangezogen wird, hängt vom Umfang des Gutachtens und der Komplexität der Rechtsfragen ab.

c) Verwahrung von Geldern und Wertpapieren

Der RA hat das Recht, gem § 14 AHK für die **Empfangnahme, Verwahrung und Ausfolgung von Geldbeträgen, Wertpapieren und Spar- oder Einlagebüchern** für seinen Mandanten ein angemessenes Honorar nach **§ 24 NTG** zu verlangen. Ausgenommen davon sind insbesondere Wechsel sowie Zeugen- und Sachverständigengebühren.

§ 24 Abs 1 NTG sieht unterschiedliche **Gebühren abhängig von der Höhe des verwahrten Geldbetrages** oder vom Wert der entgegengenommenen Sache vor (beginnend mit 1,80 Euro bei einer Bemessungsgrundlage von bis zu 70 Euro; dieser Betrag erhöht sich gestaffelt bis zu einer Bemessungsgrundlage von 72.670 Euro).

Die Gebühr gilt für die Verwahrung in den ersten zwölf Monaten, für jeden weiteren Monat fällt ein Zwölftel der ursprünglichen Gebühr an. Daraus ergibt sich, dass im ersten Jahr die Jahresgebühr jedenfalls zur Gänze zu bezahlen ist, auch wenn die Verwahrdauer kürzer sein sollte.

Nimmt der RA die zu verwahrenden Gegenstände oder Geldbeträge **außerhalb seiner Kanzleiräumlichkeiten** entgegen oder folgt sie wieder aus, kommt nach § 14 Abs 2 AHK für den damit verbundenen (Mehr-)Aufwand die Verrechnung eines **zusätzlichen Honorars nach TP 7 RATG** infrage.

Die Regelung des § 14 AHK findet auf das Treuhandmodell der RAe keine Anwendung.

d) Schiedsrichter

Wird ein RA als Schiedsrichter in einem schiedsgerichtlichen Verfahren tätig, verweist § 8 Abs 7 AHK für die Honorarabrechnung auf die **sinngemäße Anwendung des RATG**. Auch dies gilt nur für den Fall, dass keine anderslautende Honorarvereinbarung getroffen wurde.

e) Reisekosten

Für **Reisen** im Auftrag des Mandanten an **außerhalb seines Kanzleisitzes gelegene Orte** hat der RA die Möglichkeit, gem § 15 AHK das **Kilometergeld und die Nächtigungs- und Verpflegungskosten** iSd **Reisegebührenvorschrift des Bundes** (BGBl 1955/133 idF BGBl I 2012/50) für die höchste Dienstklasse zu verrechnen.

f) Leistungen außerhalb der „üblichen" Tätigkeitszeiten

ISd § 16 AHK ist **für Leistungen**, die der RA aus **gerechtfertigten Gründen zwischen 20.00 und 8.00 Uhr, an Samstagen, Sonn- und Feiertagen erbringt, ein Aufschlag von bis zu 100 %** zum Grundhonorar angemessen.

Beispiele für gerechtfertigte Gründe sind die Teilnahme an einer Befundaufnahme durch einen Sachverständigen am Wochenende oder vom Mandanten verursachte Leistungen zu oben genannten Zeiten. **Selbstverschuldete Gründe fallen hingegen nicht darunter.**

Vor der Leistungserbringung sollte er jedoch seinen Mandanten über die auf ihn zukommenden Mehrkosten aufklären (*Thiele*, Anwaltskosten[3] 72).

4. Die Honorarabrechnung

a) Die Honorarnote

- Die **Honorarnote** dient zur Geltendmachung des vereinbarten bzw angemessenen Honorars gegenüber dem Mandanten.
- Mit der **Kostennote** wird der Kostenersatz vom Prozessgegner im Verfahren begehrt.
- Für das Erstellen steht jeweils kein Entlohnungsanspruch zu.

Wie bereits dargestellt, wird zwischen dem Honoraranspruch des RA gegen seinen Mandanten und dem Kostenersatzanspruch gegen den unterlegenen Prozessgegner unterschieden. Der **Honoraranspruch gegen den eigenen Mandanten** für die erbrachten anwaltlichen Vertretungs- und Beratungsleistungen **besteht auch**, wenn dem Mandanten im Verfahren **kein Kostenersatz vom Prozessgegner zugesprochen** wurde oder dieser **uneinbringlich ist**. Der **Prozessgegner** kann nur zum **Ersatz der tarifmäßigen Kosten** verhalten werden, eine Abrechnung aufgrund einer **freien Honorarvereinbarung** ist demnach nur **mit dem eigenen Mandanten** möglich. Ein weiterer Unterschied besteht in der Möglichkeit, gegenüber dem Mandanten gem § 23 Abs 2 RATG statt des Einheitssatzes auch die unter TP 5, 6 und 8 fallenden Nebenleistungen sowie die Postgebühren im Inland zusätzlich zur Hauptleistung einzeln zu verrechnen. Vom Prozessgegner darf ausschließlich der Einheitssatz verlangt werden, sodass eine **Einzelabrechnung der Nebenleistungen** in der Kostennote nicht zulässig ist.

Daher wird auch zwischen der **Honorarnote** zur Geltendmachung des vereinbarten bzw angemessenen Honorars vom Mandanten und der **Kostennote**, mit welcher der Prozesskostenersatz vom Gegner begehrt wird, unterschieden. Für beide gilt gem § 18 RATG, dass der RA **für das Erstellen keinen Anspruch auf Entlohnung** hat. Dies bedeutet jedoch nur, dass der Zeitaufwand für das Verfassen nicht abgegolten wird, ersatzfähig sind dennoch die damit verbundenen Barauslagen wie das Porto für die Versendung an den Mandanten (vgl *Obermaier*, Das Kostenhandbuch Rz 24).

Gem § 54 Abs 1 ZPO soll eine **Kostennote** im Zivilprozess eine **gegliederte Aufstellung der Kosten der einzelnen Leistungen** nach Kostenarten, wie Verdienst, Einheitssatz, Barauslagen, Umsatzsteuer und Verbindungsgebühr, **samt Bemessungsgrundlage** und der zur Bescheinigung notwendigen **Belege** zum Inhalt haben. Sie muss, bei sonstigem Verlust des Ersatzanspruches, **rechtzeitig**, nämlich bis zum Schluss der mündlichen Streitverhandlung bzw ohne Verhandlung gleichzeitig mit dem Antrag, über den entschieden werden soll, gelegt werden. Für danach entstandene Kosten besteht die Möglichkeit gem § 54 Abs 2 ZPO, binnen **vier Wochen einen Antrag auf Ergänzung der Kostenentscheidung** zu stellen. Die **Ausnahme** vom Begehren auf Kostenersatz durch Legen einer Kostennote stellt der **Normalkostentarif** dar. Hier reicht ein unabhängig von einer Kostennote gestellter Antrag auf Ersatz der Kosten nach dem entsprechenden Normalkostentarif (§ 24 Abs 2 RATG), wie bspw im Zuge des Antrages auf Erlassen eines Versäumungsurteiles.

Beispiel:

Da das Kostenverzeichnis bei sonstigem Ausschluss des Kostenanspruches rechtzeitig gelegt werden muss, hat das Gericht die rechtzeitige Fertigstellung der Kostennoten zu ermöglichen. Es darf die Verhandlung nicht sofort schließen, nachdem es die Parteien zur Vorlage der Kostennoten aufgefordert hat, wenn diese der Aufforderung ohnehin unverzüglich nachkommen (OGH 19. 4. 1989, 9 ObA 311/88).

Die **Honorarnote** zur Leistungsabrechnung gegenüber dem eigenen Mandanten muss so abgefasst sein, dass diese **alle Angaben enthält**, die dem Mandanten **eine umfassende Überprüfung der Angemessenheit** der vom RA erbrachten und verrechneten Leistungen ermöglicht (OGH 31. 5. 1989, 8 Ob 508/89 = AnwBl 1990/3321). Welche Angaben dafür notwendig sind, hängt in erster Linie davon ab, ob eine Honorarvereinbarung getroffen wurde oder nicht und wenn eine solche vorliegt, auf welche Art der Honorarabrechnung sich der RA mit seinem Mandanten geeinigt hat.

Bei einem **Stundensatzhonorar** werden die **erbrachten Leistungen und der jeweils darauf entfallende Zeitaufwand** abgerechnet. Obwohl die Vereinbarung eines **Pauschalhonorars** von der Verpflichtung zur konkreten und **detaillierten Abrechnung der Einzelleistungen enthebt**, empfiehlt es sich jedoch auch in diesem Fall ein Leistungsverzeichnis zu erstellen, um im Bestreitungsfall die Angemessenheit der Pauschale im Verhältnis zur erbrachten Leistung nachweisen zu können. Wurde **keine Honorarvereinbarung** getroffen, besteht der Anspruch des RA auf angemessenes Honorar. Demzufolge sollte er eine der **Kostennote im Zivilverfahren vergleichbare Abrechnung erstellen**, da nur mit diesen Angaben die Richtigkeit und Angemessenheit der Honorarforderung überprüfbar sein wird.

Erst mit der Übermittlung einer entsprechend detaillierten Honorarnote an den Mandanten nach Abschluss der Beratungs- und Vertretungstätigkeit wird das Honorar fällig und kann bei Nichtbezahlung eingeklagt werden (OBDK 13. 2. 1989, Bkd 117/88 = AnwBl 1990/3477).

Beispiel:

RA Dr. Peter Pluto teilt nach Abschluss des Gerichtsverfahrens, in dem er seinen Mandanten Kurt Knauser vertreten hat, seine Honorarforderung zunächst in einem persönlichen Gespräch mit. Aufgrund der Erklärung Knausers, dieses Honorar nicht zu begleichen, klagt der RA dieses ohne vorherige Übermittlung einer detaillierten Kostennote an den Mandanten ein. Ist dies zulässig?

Lösung:

Nein, da die Fälligstellung durch Übermittlung einer detaillierten Kostennote an den Mandanten noch nicht erfolgt ist. Der RA hat die Verpflichtung, unter allen Umständen nach Abschluss seiner Tätigkeit eine Abrechnung zu erstellen und dem Klienten in Form einer Honorarnote zukommen zu lassen. Der RA hat bei Beendigung des Vollmachtsverhältnisses seinem Klienten zuerst mitzuteilen, wie hoch seine Kostenforderung ist, denn die Leistungspflicht des Klienten setzt die Legung einer überprüfbaren Honorarnote voraus. Dann ist eine angemessene Frist abzuwarten, und erst bei Nichtzahlung darf die Klage eingebracht werden. In Anbetracht der erbrachten Leistung wäre der RA verpflichtet gewesen, im Rahmen einer Honorarnote darüber Rechnung zu legen, und zwar auch ungeachtet einer Erklärung des Klienten, ein solches Honorar nicht zu bezahlen (OBDK 13. 2. 1989, Bkd 117/88 = AnwBl 1990/3477). – Eine Fälligstellung durch die Klage wäre zwar denkbar, dies aber mit dem Risiko des § 45 ZPO (sofortiges Anerkenntnis durch den Beklagten, Kostenersatzpflicht diesfalls nicht von Beklagten an Kläger, sondern von Kläger an Beklagten)!

b) Unrichtige oder verspätete Abrechnung

Der RA ist gegenüber seinem Mandanten zur unverzüglichen und richtigen Honorarabrechnung verpflichtet.

Die unverzügliche und richtige Abrechnung des Honorars für die erbrachten anwaltlichen Leistungen gegenüber dem Mandanten gehört zu den wichtigsten Standespflichten des Rechtsvertreters (OBDK 1. 12. 1980, Bkd 61/80 = AnwBl 1981/1442). Eine „qualifiziert" **unrichtige Honorarabrechnung** stellt jedoch keine Berufspflichtverletzung, sondern eine **Verletzung von Ehre und Ansehen des Standes** dar, da der RA bei der Honorarabrechnung und -eintreibung in eigenen Angelegenheiten tätig ist (OBDK 4. 3. 1985, Bkd 111/84 = AnwBl 1986/2322). Bei der qualifizierten Unrichtigkeit geht es nicht um bloße Flüchtigkeits- oder Redaktionsfehler, wohl aber um offensichtlich überhöhte („frisierte") Honorarnoten; die Grenze wird ab circa einem Drittel der Überschreitung des rechtsrichtigen Honorars gesehen.

Verspätung der Honorarabrechnung liegt dann vor, wenn sie **nicht innerhalb einer angemessenen Frist** nach Beendigung der Tätigkeit in einer Rechtssache erfolgt. Die rechtzeitige Abrechnung mit dem Mandanten ist insbesondere in den Fällen bedeutsam, in denen die Honorarforderung mit vereinnahmten Klientengeldern (zB Kostenersatz vom Prozessgegner) bzw erlegten Kostenvorschüssen abgerechnet und der entsprechende Saldo an den Mandanten ausgezahlt werden soll. Grundsätzlich gilt, dass der RA eine **laufende Leistungsaufzeichnung** führen soll, um gleichsam auf Knopfdruck dem Mandanten über das angefallene Honorar Auskunft geben zu können. Dies gilt umso mehr, als der Mandant gem § 52 Abs 2 RL-BA das Recht hat, in regelmäßigen Abständen von seinem Rechtsvertreter eine Zwischenabrechnung über die erbrachten Leistungen zu verlangen (OBDK 23. 10. 1995, 3 Bkd 6/95 = AnwBl 1996/99; OBDK 25. 2. 2002, 7 Bkd 8/01 = AnwBl 2002/482). Dies sollte jedoch im EDV-Zeitalter mit dem Einsatz einer Anwaltssoftware kaum Probleme bereiten.

Erst mit der detaillierten Abrechnung des Honorars gegenüber dem Mandanten wird die Honorarforderung fällig, auf den Beginn der Verjährung hat sie allerdings insofern keine Auswirkung, da die dreijährige Verjährungsfrist des § 1486 Abs 6 ABGB zu dem Zeitpunkt zu laufen beginnt, an welchem dem RA die Abrechnung zuerst möglich war. Bereits aus diesen Gründen sollte dem RA an einer zügigen Honorarverrechnung gelegen sein (s dazu auch unten „Fälligkeit des Honoraranspruches").

! **Beispiel:**

Die dreieinhalb Monate nach Eingang eines ersiegten VwGH-Beschwerde-Kostenbetrages vorgenommene Abrechnung mit einem vom Beschwerdeführer erlegten Kostenvorschuss sowie die Abrechnung und Auszahlung des Saldos eines bei der EMRK ersiegten Entschädigungsbetrages mit dem Klienten erst zehneinhalb Monate nach dem Eingang sind nicht „etwas verspätet", sondern disziplinär (OBDK 2. 7. 2001, 9 Bkd 4/01 = AnwBl 2001/7780).

Eine Honorarnote kann aus mehreren Gründen inhaltlich **unrichtig** sein. Einerseits ist sie insbesondere dann mangelhaft, wenn ein **unangemessen hohes Honorar** verrechnet wird oder sie **von einer getroffenen Honorarvereinbarung abweicht**. Andererseits kann sie aber auch insoweit Fehler aufweisen, als **unrichtige Bemessungsgrundlagen oder Tarifansätze** herangezogen werden. Zu beanstanden sind zudem das Ausstellen einer Honorarnote ohne Berücksichtigung bereits erlegter Kostenvorschüsse oder ein Rechenfehler, welcher sich in die Abrechnung eingeschlichen hat.

Der Mandant mag aufgrund einer mangelhaften Honorarnote nicht überprüfbare oder überhöhte Honorarforderungen nicht bzw wenn überhaupt nur unter Vorbehalt bezahlen, um sich die Möglichkeit der Einleitung eines Kostenprüfungsverfahrens durch den Ausschuss der RAK gem § 19 Abs 2 RAO offenzuhalten bzw um nicht Gefahr zu laufen, aufwendig das zu viel bezahlte Honorar rückfordern zu müssen. Daher wird beiden Seiten mit einer richtigen Honorarabrechnung geholfen sein.

! **Beispiel:**

Die **Verrechnung von maßlos (ganz beträchtlich, stark, grob) überhöhten Kosten ist disziplinär**. Die AHR sehen keine feste Bemessungsgrundlage vor, sondern gehen von einer Mindestbemessungsgrundlage aus, welche idR bei einem durchschnittlichen Rechtsfall auch die angemessene Bemessungsgrundlage darstellt. Die Verrechnung eines knapp **doppelt so hohen wie des höchstens angemessenen Honorars ist eine ganz beträchtliche (stark überhöhte) Kostenüberziehung** und daher disziplinär (OBDK 9. 5. 1994, 6 Bkd 1/93 = 1994/4882).

! **Beispiel:**

Der RA hat sich gerade dann, wenn es sich um eine ausgefallene Sache handelt, über die Rechtsgrundlagen für die Erstellung seiner Honorarnote eingehend zu informieren. Dabei wäre er auf die heranzuziehenden Spezialbestimmungen der Autonomen Honorar-Richtlinien (AHR, nunmehr AHK) gestoßen und hätte diese berücksichtigen müssen. Dass er dies nicht tat und eine um rund **33 Prozent überhöhte Honorarnote** gelegt hat, ist ihm als Verschulden anzulasten und bildet das Disziplinarvergehen der Beeinträchtigung von Ehre und Ansehen des Standes (OBDK 4. 3. 1985, Bkd 111/84 = AnwBl 1986/2322).

! **Beispiel:**

Ist aber ein RA aufgrund einer **vertretbaren**, wenn auch objektiv unrichtigen **Rechtsansicht** der Meinung, dass seine Kostenforderung berechtigt sei, kann ihm deren Geltendmachung disziplinär nicht angelastet werden (OBDK 6. 2. 1995, 10 Bkd 5/94 = AnwBl1995/734).

c) Kostenvorschuss

Der RA hat das Recht, einen angemessenen Kostenvorschuss auf sein Honorar und seine Auslagen zu verlangen.

Gem § 19 Abs 1 RAO ist der RA **berechtigt**, jedoch nicht verpflichtet, von seinem Mandanten einen **Kostenvorschuss** für seine anwaltliche Tätigkeit und die damit verbundenen Auslagen **zu verlangen**. Dieser sollte, ähnlich wie bei der Honorarvereinbarung, **angemessen** sein, darf also nicht in einem auffallenden Missverhältnis zu den voraussichtlich zu erwartenden Kosten stehen.

Ist die Einhebung eines Kostenvorschusses beabsichtigt, empfiehlt es sich für den RA, den Mandatsvertrag unter der (aufschiebenden) Bedingung zu schließen, dass der Vorschuss rechtzeitig einlangt, da er sonst verpflichtet ist, unaufschiebbare Tätigkeiten für seinen Mandanten vor der Bezahlung vorzunehmen (vgl *Thiele*, Anwaltskosten[3] 9 f).

Wie bereits erwähnt, ist der RA **nicht verpflichtet**, seinen Mandanten darauf **hinzuweisen**, dass seine **Honorarforderung einen erlegten Kostenvorschuss** erheblich **übersteigen wird**, außer dies wurde gesondert vereinbart (OGH 7. 7. 2005, 2 Ob 145/05w).

Nach Abschluss der anwaltlichen Tätigkeit muss der **Honoraranspruch mit dem erlegten Kostenvorschuss unverzüglich verrechnet** und ein entsprechender **Saldo dem Mandanten zurückgezahlt werden** (OBDK 2. 7. 2001, 9 Bkd 4/01 = AnwBl 2001/7780). Dies betrifft insbesondere Fälle, bei welchen die Kosten vom unterlegenen Prozessgegner ersetzt werden und daher ein Rückgriff auf den Kostenvorschuss nicht notwendig wird.

d) Zurückbehaltungs- und Pfandrecht (§§ 19 und 19a RAO)

Zur Sicherung seines Honoraranspruches hat der RA ein **Zurückbehaltungsrecht** an für seinen Mandanten eingegangenen Geldern (§ 19 RAO) sowie ein **Pfandrecht** am Kostenersatzanspruch (§ 19a RAO).

§§ 19 und 19a RAO beinhalten **Sicherungsrechte des RA** für seinen Honoraranspruch gegen seinen Mandanten. Diese umfassen einerseits ein **Zurückbehaltungsrecht** an für seinen Mandanten eingegangenen Geldern (§ 19 RAO) sowie ein **Pfandrecht** am eingegangen Kostenersatz (§ 19a RAO).

Das **Zurückbehaltungsrecht** besteht nur, soweit sein Anspruch nicht aus Kostenvorschüssen bereits gedeckt ist und ausschließlich an **Geldern, die für seinen Mandanten eingelangt** sind, jedoch nicht an Geldern für Dritte (§ 19 Abs 1 RAO) oder an Gegenständen, wie zB Edelsteinen (OBDK 4. 12. 1989, Bkd 21/87). Ohne Relevanz bleibt der Umstand, ob der RA diese im Zusammenhang mit der Rechtssache, für welche der Honoraranspruch besteht, erhalten hat. Es findet jedoch nur **während eines aufrechten Vollmachtsverhältnisses** Anwendung. Daher kommt das Zurückbehaltungsrecht im Rahmen der **Verfahrenshilfe** nicht zur Anwendung. **Eine Zurückbehaltung** von Geldern, welche dem RA vom Mandanten mit einer bestimmten **Zweckwidmung**, etwa als Kostenvorschuss für Sachverständigengebühren, übergeben wurden, ist hingegen **nicht zulässig** (§ 16 RL-BA).

Gem § 19 Abs 1 RAO besteht die **Pflicht**, sich sofort mit seinem Mandanten über **die erhaltenen Gelder** nachvollziehbar **abzurechnen. Bestreitet dieser die Richtigkeit und Höhe der Honorarforderung**, muss der RA die einbehaltenden Gelder unverzüglich an den Mandanten **ausfolgen oder** gem § 1425 ABGB **gerichtlich hinterlegen** (§ 19 Abs 3 RAO). Dabei erwirbt der RA gem § 19 Abs 4 RAO ein **gesetzliches Pfandrecht am hinterlegten Betrag**. In diesem Zusammenhang besteht für beide Seiten das Recht, den **Ausschuss der RAK zur außergerichtlichen Beilegung des Honorarstreites** anzurufen (§ 19 Abs 2 RAO).

> **Beispiel:**
> Der RA ist gem § 19 Abs 2 RAO zwar berechtigt, aber nicht verpflichtet, den Ausschuss um gütliche Beilegung des Streits anzugehen. Selbst wenn er von diesem Recht Gebrauch macht, ändert sich nichts an seiner Pflicht, die erhaltenen Beträge entweder auszufolgen oder gerichtlich zu hinterlegen (OBDK 21. 3. 1994, 16 Bkd 9/93).

> **Beispiel:**
> Auch Beträge, die der RA von einem Dritten als Treuhänder für seine Partei übernimmt und die er aufgrund der **Treuhandvereinbarung** an seine Partei weiterzuleiten hat, sind bei ihm eingegangene Barschaften iSd § 19 Abs 1 RAO, er kann daher seine Kostenforderung hievon in Abzug bringen. Dies gilt auch, wenn die Beträge auf ein Anderkonto (also eine besondere Form eines Treuhandkontos) des RA eingezahlt werden (OGH 18. 4. 2002, 6 Ob 16/02z).

Der RA erwirbt nach § 19a Abs 1 RAO weiters ein gesetzliches **Pfandrecht am Kostenersatzanspruch** seines Mandanten gegen den Prozessgegner. Dieses entsteht mit Rechtskraft der Kostenentscheidung eines (Schieds-)Gerichtes oder einer Verwaltungsbehörde bzw durch rechtswirksamen gerichtlichen Vergleich, nicht aber an Kostenersatzforderungen, die durch einen Vertrag (außergerichtlicher Vergleich, Anerkenntnis) mit ausschließlich materiell-privatrechtlichen Wirkungen begründet werden (OGH

21. 6. 1977, 5 Ob 515/77). Gem § 19a Abs 4 RAO ist eine **schuldbefreiende Leistung** des Gegners **an den Mandanten zulässig**, wenn der RA die **Bezahlung an sich nicht ausdrücklich gefordert** hat. Es empfiehlt sich daher, in Schriftsätzen etwa die Wendung ***„Der RA begehrt die Zahlung gem § 19a RAO zu seinen Handen"*** aufzunehmen.

Eine **Aufrechnung mit Gegenforderungen** des kostenersatzpflichtigen Prozessgegners geht dem Pfandrecht des § 19a RAO vor, sofern die **Aufrechnungslage** vor Entstehen der Kostenforderung bzw einer entsprechenden Erklärung des RA nach § 19a Abs 4 RAO bestand.

> **Beispiel:**
> Wenn im Zeitpunkt der Erklärung des RA (Entstehen des Pfandrechtes für Kosten nach § 19a RAO) die **aufrechenbare Gegenforderung** bereits entstanden war, dann wird das Pfandrecht des RA an der exekutiven Kostenforderung gar nicht existent (OGH 28. 4. 1954, 1 Ob 133/54). Aber: Sobald der RA die Zahlung der Kosten an seine Person verlangt hat, kann die Kostenforderung nicht mehr durch Aufrechnung einer **später entstandenen Gegenforderung** an die Partei getilgt werden (OGH 3. 11. 1937, 2 Ob 953/37 = SZ 19/296).

> **Beispiel:**
> Im Falle eines wirksamen **Verzichtes der Partei auf die Kosten** erlischt auch das Pfandrecht des RA an der zugrunde liegenden Forderung; eine Berufung auf das Pfandrecht ist daher in einem solchen Fall bei Geltendmachung der Honorarforderung nicht mehr möglich (OGH 1. 3. 1972, 1 Ob 36/72).

Bei **mehreren aufeinanderfolgenden Mandatsverhältnissen** muss der zuletzt einschreitende RA die Kostenansprüche nicht nur für sich, sondern auch für seine vorangegangenen Kollegen geltend machen. **Auch diesen kommt das anwaltliche Kostenpfand- und Hinterlegungsrecht** nach §§ 19 und 19a RAO **zu**. Bei **mehreren gleichzeitig einschreitenden RAe steht das Kostenpfandrecht dem zuerst genannten zu** (§ 19a Abs 2 RAO).

Es besteht die **Verpflichtung des zuletzt einschreitenden RA**, auch die Kostenforderungen seiner Vorgänger geltend zu machen und bei Einlangen von Kostenzahlungen diese auf sämtliche einschreitenden RAe und sich selbst **aliquot aufzuteilen** (§ 19a Abs 3 RAO). Er darf also nicht nur seine Kostenforderung abdecken und den Rest für die anderen verwenden, sondern muss eine **verhältnismäßige Abdeckung** für alle erreichen.

Durch das Zurückbehaltungsrecht wie auch das Pfandrecht besteht für den RA darüber hinaus ein Vorteil im Insolvenzverfahren **seines Mandanten**. Hat er das Sicherungsrecht bereits **vor Eröffnung des Insolvenzverfahrens** erworben, ist er als **Absonderungsgläubiger** besonders geschützt, da er damit das Recht auf vorrangige Befriedigung seiner Ansprüche besitzt. Auch ein vom Insolvenzverwalter zur Vertretung der Masse bevollmächtigter RA ist im Hinblick auf seine Masseforderung durch §§ 19 und 19a RAO begünstigt (vgl *Feil/Wennig*, Anwaltsrecht[6] § 19 RAO Rz 9).

e) Fälligkeit des Honoraranspruches und Zwischenabrechnung

- Der Honoraranspruch des RA wird **mit Abschluss seiner Tätigkeit in der jeweiligen Rechtssache und nach detaillierter Abrechnung** mittels Honorarnote **fällig**; dies stellt auch den Beginn der Verjährung dar.
- Der RA hat das Recht, mit seinem Mandanten die **Zwischenabrechnung** seiner Leistungen zu vereinbaren und **Akontozahlungen** zu begehren.

Der Honoraranspruch des RA entsteht mit jeder im Auftrag seines Mandanten erbrachten Leistung. Grundsätzlich wird die Kostenforderung **mit Abschluss der Tätigkeit in der jeweiligen Rechtssache fällig**. Dies ist beispielsweise der Fall, wenn ein Verfahren rechtskräftig beendet und die Forderung hereingebracht wurde, aber auch wenn einem RA das Mandat entzogen wurde. Die Fälligkeit und damit die

Einforderbarkeit eines Honoraranspruches setzen – mangels anderslautender Vereinbarung – voraus, dass die **Leistungen überprüfbar abgerechnet** wurden. Der RA kann jedoch die Fälligkeit und damit verbunden den Beginn der **Verjährung** seiner Honorarforderung (gem § 1486 Abs 6 ABGB **in drei Jahren**) nicht dadurch hinauszögern, dass er verspätet, also erst längere Zeit nach Abschluss der Vertretungs- oder Beratungstätigkeit, eine Honorarnote legt. In diesem Fall beginnt die Verjährungsfrist zu dem Zeitpunkt zu laufen, an welchem der RA ehestmöglich die Abrechnung vornehmen hätte können.

Mit Eintritt der Fälligkeit des Honoraranspruches können auch **Zinsen** in gesetzlicher Höhe (insbesondere nach § 1000 Abs 1 ABGB 4 %, nach § 456 UGB 9,2 %-Punkte über dem Basiszinssatz) verrechnet werden. Die Vereinbarung einer höheren Verzinsung und einer **Wertsicherung** der Honorarforderung mit dem Mandanten wird ebenfalls als zulässig erachtet (vgl *Thiele*, Anwaltskosten[3] 25 f).

§ 52 RL-BA empfiehlt dem RA, mit seinem Mandanten eine **Vereinbarung über die Zwischenabrechnung** seiner Leistung in regelmäßigen Abständen, mindestens aber einmal jährlich, abzuschließen. Auch der Mandant ist berechtigt, sich regelmäßig über die erbrachten Leistungen seines Rechtsvertreters zu informieren, um die zu erwartende Honorarforderung des RA besser einschätzen zu können. Durch die **detaillierte Zwischenabrechnung** wird das Honorar für jeden abgerechneten Leistungsabschnitt fällig, weshalb es sich für den RA empfiehlt, entsprechende **Akontozahlungen** vom Mandanten zu fordern, um der beginnenden Verjährung vorzubeugen.

! **Beispiel:**

Für den Beginn der Verjährung des Anwaltshonorars ist die Beendigung des Auftragsverhältnisses in einer bestimmten Rechtssache maßgebend. Solange der Anwalt noch in die Lage kommen kann, pflichtgemäß im Interesse seines Klienten in dieser Rechtssache tätig zu werden, ist das Mandatsverhältnis nicht erloschen und daher auch die Fälligkeit des Honoraranspruches nicht eingetreten (OGH 12. 12. 1966, 4 Ob 73/66).

! **Beispiel:**

Wenn ein RA bei einer Dauervertretung verschiedene Causen zu erledigen hat, die in keinem engen inneren Zusammenhang miteinander stehen, liegen mehrere miteinander nicht zusammenhängende Aufträge vor, sodass für den Honoraranspruch aus **jedem der Auftragsverhältnisse eine eigene Verjährungsfrist** läuft (OGH 7. 12. 1978, 6 Ob 751/78).

! **Beispiel:**

Erbringt der RA eine größere Zahl von Einzelleistungen und steht das Entgelt nicht von vornherein fest, wird das Honorar erst mit Übermittlung der Honorarnote fällig, außer der Klient hat die Honorarforderung anerkannt oder auf deren Detaillierung verzichtet (OGH 13. 7. 2000, 6 Ob 286/99y).

f) Gewährung von Nachlässen

Die Gewährung von angemessenen Nachlässen auf Honorarforderungen des RA ist zulässig.

Früher regelten die mittlerweile aufgehobenen §§ 53–55 RL-BA die Zulässigkeit der Gewährung von Nachlässen. Nach deren Aufhebung findet sich diesbezüglich nur noch die Empfehlung des Art XV RL-BA, wonach der RA sich in Verfahren zur Wiedereinsetzung in den vorigen Stand mit dem Ersatz der Barauslagen begnügen soll, wenn er die Säumnis verursacht hat und keine Deckung für den Kostenersatz durch seinen Haftpflichtversicherer besteht. ISd Rechtes des RA auf freie Honorarvereinbarung wird die Gewährung von Nachlässen **grundsätzlich** als **zulässig** anzusehen sein. Bei deren Vereinbarung bedarf jedoch ebenfalls der allgemeine Grundsatz der **Angemessenheit** der Beachtung, dh, das reduzierte Honorar darf nicht in einem auffallenden Missverhältnis zur anwaltlichen Leistung stehen. Zur Beurteilung der Angemessenheit können wieder das RATG und die AHK herangezogen werden (vgl *Thiele*, Anwaltskosten[3] 28).

Stellt der RA dem Mandanten einen **Nachlass in der Honorarnote** abweichend vom vereinbarten oder angemessenen Honorar bei prompter Bezahlung in Aussicht und **begleicht Letzterer die Forderung nicht**, ist der **RA nicht daran gebunden**, sondern kann das **angemessene bzw vereinbarte volle Honorar fordern**. Dies ergibt sich aus der nunmehr ständigen Rechtsprechung, wonach die Honorarnote lediglich eine **Einmahnung iSd § 1417 ABGB** darstellt. Da ein RA jedoch standesrechtlich grundsätzlich an seine Zusagen gebunden ist, empfiehlt es sich, den **Nachlass unter Vorbehalt der rechtzeitigen Bezahlung** durch den Mandanten zu gewähren (OGH 5. 8. 2004, 2 Ob 152/04y).

Beispiel:

RA Dr. Peter Pluto hat seinen Mandanten Sigi Single ua in dessen Ehescheidungsverfahren vertreten. Nach Abschluss der Vertretungstätigkeit übermittelt der RA seinem Mandanten eine Honorarnote, mit welcher er unter detaillierter Verzeichnung der Einzelpositionen (Aufschlüsselung der Einzelleistungen) und unter Vorbehalt der fristgerechten Bezahlung ein geringeres als das angemessene Honorar geltend macht. Honorarvereinbarung gibt es keine. Sigi Single weigert sich, das Honorar mit der (unrichtigen) Behauptung zu bezahlen, dass er nicht entsprechend vertreten worden und daher die Leistung des RA wertlos gewesen sei. In der Folge klagt der RA das gesamte (also nicht bloß den in der Honorarnote geltend gemachten Betrag), jedoch angemessene Honorar ein. Ist die gerichtliche Einforderung eines die Honorarnote übersteigenden, aber angemessenen Honorars bei Verweigerung der Zahlung zulässig?

Lösung:

Ja. Übersendet der RA seiner Partei ein Kostenverzeichnis und wird der begehrte Betrag nicht anerkannt oder bezahlt, so ist der Anwalt nicht gehindert, eine über die bekannt gegebene Kostenziffer hinausgehende tarifmäßige Entlohnung zu begehren (OGH 5. 8. 2004, 2 Ob 152/04y).

g) Entfall des Honoraranspruches

Der Honoraranspruch des RA entfällt insbesondere für wertlose oder überflüssige Leistungen, für Leistungen zur Behebung von eigenen Fehlern, aber auch für die Mitwirkung an Umgehungsgeschäften.

§ 9 Abs 1 RAO bestimmt, dass der RA die übernommene Vertretung dem Gesetz gemäß zu führen und die Rechte seiner Partei gegen jedermann mit Eifer, Treue und Gewissenhaftigkeit zu vertreten hat. Dies beschreibt den **hohen Sorgfaltsmaßstab**, der an die Tätigkeit des RA anzulegen ist. Von ihm werden ein entsprechend hohes Fachwissen und Sorgfalt bei der Vertretung und Beratung des Mandanten vorausgesetzt.

Daraus ergibt sich, dass der RA nicht nur für Schäden seines Mandanten aufgrund mangelhafter Vertretung haftet, sondern auch sein Honoraranspruch entfällt, wenn er eine **wertlose oder überflüssige Leistung** erbracht hat. Dies ist bspw dann der Fall, wenn er unzulässige oder verspätete Rechtsmittel einbringt oder sonstige von vornherein aussichtslose Prozesshandlungen vornimmt (OGH 15. 11. 1989, 1 Ob 23/89 = AnwBl 1990/3468), (prozesswesentliche) Weisungen seines Mandanten, sofern diese nicht gesetzes-, vertrags- oder sittenwidrig sind, nicht befolgt (OGH 9. 4. 2002, 4 Ob 83/02p = ÖJZ 2002/144) oder falsche Auskünfte erteilt. Die Wertlosigkeit der Leistung ist vom Mandanten zu beweisen, ebenso wie etwaige negative Auswirkungen von weisungswidrigem Verhalten bzw der Erteilung falscher Auskünfte auf den Prozessausgang (OGH 31. 1. 2007, 7 Ob 11/07d).

Darüber hinaus besteht kein Honoraranspruch für Leistungen, die zur **Behebung von Fehlern des RA** notwendig geworden sind, wie etwa die Kosten eines erfolglosen Wiedereinsetzungsantrages für eine ausschließlich von ihm zu vertretende Fristversäumnis (OBDK 10. 6. 1991, Bkd 98/90 = AnwBl 1992/115; *Thiele*, Anwaltskosten[3] 26 f). Zudem wird dem RA auch in Art XV der RL-BA empfohlen, sich in einem aufgrund seiner Säumnis verursachten Verfahren zur Wiedereinsetzung in den vorigen Stand mit dem Ersatz der Barauslagen zu begnügen, wenn keine Deckung für den Kostenersatz durch seinen Haftpflichtversicherer besteht.

Schließlich ist es ihm untersagt, ein Honorar für die **Mitwirkung an Umgehungsgeschäften zu** verlangen, da ein verbotenes, weil gesetzwidriges Geschäft nicht Inhalt eines gültigen Bevollmächtigungsvertrages sein kann (OGH 17. 2. 2005, 6 Ob 316/04w).

! **Beispiel:**

Der RA haftet seiner Partei gegenüber für Unkenntnis der Gesetze sowie einhelliger Lehre und Rechtsprechung. Er muss seine Partei aufklären, wenn nach dem Gesetz oder herrschender Rechtsübung eine **Prozessführung aussichtslos erscheint**. Tut er dies nicht, ist seine Tätigkeit wertlos. In einem solchen Fall bestehen nicht nur Schadenersatzansprüche des Klienten für die ihm erwachsenden tatsächlichen finanziellen Nachteile, sondern der RA ist auch nicht berechtigt, ein Honorar zu begehren (OGH 15. 11. 1989, 1 Ob 23/89 = AnwBl 1990/3468).

! **Beispiel:**

Der Klient schuldet dem RA gem § 1014 ABGB den Ersatz des zur Besorgung des Geschäftes notwendigen oder nützlichen Aufwandes sowie gem § 1004 ABGB die bedungene Belohnung. Dementsprechend hat ein RA keinen Anspruch auf Ersatz eines Aufwandes, der zur Geschäftsbesorgung nicht notwendig oder nützlich gewesen ist. Hat der Verteidiger seinen Mandanten anlässlich eines unmittelbar nach Urteilsverkündung abgegebenen Rechtsmittelverzichtes **unrichtig beraten**, ist die letzte Tarifeinheit der vorhergegangenen Hauptverhandlung nicht zuzusprechen (OGH 11. 10. 1989, 1 Ob 562/89 = AnwBl 1990/3320).

! **Beispiel:**

Eine falsche Belehrung einer Partei über die Verfahrenshilfe im Rahmen einer Äußerung des RA gem § 67 zweiter Satz ZPO bedeutet nur die Verletzung der selbstständigen vertraglichen Nebenpflicht des beauftragten RA, dessen Mandanten richtig zu belehren, hat aber keinesfalls zur Folge, dass die mit der Honorarforderung in Rechnung gestellte Erfüllung seiner Hauptleistungspflicht – die Vertretung der Partei in verschiedenen Verfahren – unbrauchbar und für sie wertlos wäre, sodass ihm auch das dafür verrechnete Honorar nicht gebührte (OGH 14. 7. 1994, 1 Ob 587/94).

5. Honorarstreitigkeiten

Bestreitet ein Mandant die Richtigkeit und Höhe des ihm von seinem Rechtsvertreter in Rechnung gestellten Honorars, besteht einerseits die Möglichkeit, gem § 19 Abs 2 RAO den **Ausschuss der RAK** um Überprüfung der Angemessenheit des Honorars und **gütliche Beilegung des Streites** zu ersuchen. Andererseits kann ein **Honorarprozess** vor den **ordentlichen Gerichten** angestrebt werden, wenn der Mandant das geforderte Honorar nicht oder nicht in vollem Umfang begleicht und der RA daher den Honoraranspruch zur Gänze oder zum Teil einklagen muss bzw der Mandant bereits geleistetes Honorar zurückfordert.

a) Kostenprüfung und Streitschlichtung durch den Kammerausschuss

- Sowohl der RA als auch sein Mandant müssen der Kostenprüfung bzw dem Streitschlichtungsversuch durch den Ausschuss der RAK zustimmen, damit diese stattfinden können.
- Das Honorar darf vom Mandanten nicht oder nur unter Vorbehalt bereits bezahlt worden sein.
- Das Gutachten des Ausschusses ist nicht bindend und darf nur zu bestimmten Punkten Stellung nehmen.

Dem Ausschuss der RAK obliegt es gem § 28 Abs 1 lit f RAO, **über Antrag des RA oder seines Mandanten** bei strittigen Honorarforderungen nach § 19 Abs 2 RAO ein **Kostenprüfungsverfahren** einzuleiten und im Zuge dessen ein entsprechendes Gutachten zur Angemessenheit des Honorars zu erstatten oder ein **Schlichtungsverfahren** durchzuführen. Voraussetzung dafür ist allerdings, dass der jeweils andere, der den Antrag nicht gestellt hat, der Kostenprüfung durch die Kammer **zustimmt** und das **Honorar vom Mandanten noch nicht oder nur unter Vorbehalt bezahlt** wurde. Über den Honoraranspruch darf außerdem noch **kein Gerichtsverfahren anhängig** sein.

Im Gutachten nimmt der Ausschuss insbesondere zur Frage der der Honorarabrechnung zugrunde liegenden **Bemessungsgrundlage**, zu den anzuwendenden **Tarifansätzen** sowie zur Höhe des Einheitssatzes, der Verbindungsgebühr, des Streitgenossenzuschlages und der Zulässigkeit eines Erfolgszuschlages Stellung. Weiters wird zumeist überprüft, ob die vom RA erbrachten **Leistungen** und ihr Umfang **zur zweckentsprechenden Rechtsverfolgung offenkundig nicht notwendig** waren. Es werden jedoch nicht vom Mandanten behauptete Vertretungs- oder Beratungsfehler des RA behandelt. Beweisfragen werden ebenfalls nicht geklärt, sondern bleiben einem Gerichtsverfahren vorbehalten. Hinsichtlich des Prüfungsumfanges bestehen jedoch Unterschiede in den einzelnen Länderkammern (*Thiele*, Anwaltskosten[3] 28 f; vgl auch die Online-Infobroschüre zum Rechtsanwaltshonorar des ÖRAK auf www.rechtsanwaelte.at S 4).

Das Gutachten ist **nicht bindend**, dh, es können jedenfalls die Gerichte im Zuge eines Honorarprozesses angerufen werden. Der RA ist jedoch standesrechtlich dazu verpflichtet, vor dem Einbringen einer Honorarklage, den Abschluss des Kostenprüfungs- bzw Schlichtungserfahrens, sofern er diesem zugestimmt hat, abzuwarten, außer dem stehen wichtige Gründe, wie die Verjährung des Anspruches, entgegen (OBDK 15. 12. 1986, Bkd 112/86 = AnwBl 1987, 657).

Vorteil des Kostenprüfungs- und Schlichtungsverfahrens vor dem Ausschuss der RAK ist, dass es idR einen Honorarstreit **schneller und kostengünstiger** als ein langwieriger und kostspieliger Zivilprozess samt Rechtsmittelverfahren erledigen wird.

> **Beispiel:**
> Wenn sich eine Partei an die Rechtsanwaltskammer um Kostenüberprüfung wendet, so muss davon ausgegangen werden, dass durch diesen Antrag die Partei ihren Vertreter bzw früheren Vertreter von seiner **Verschwiegenheitspflicht** zum Zwecke der Kostenüberprüfung entbindet. Es ist daher notwendig, dass der RA, wenn er sich mit der Überprüfung seiner Kosten durch den Kammerausschuss einverstanden erklärt, alle hiezu notwendigen Unterlagen, daher auch den Handakt, dem Kammerausschuss vorzulegen hat (OGH 11. 5. 1982, Bkd 65/80 =AnwBl 1982, 498).

b) Honorarprozesse

Der RA hat im Zuge von Honorarprozessen seine Verschwiegenheitsverpflichtung gegenüber seinem Mandanten zu beachten.

Sollten außergerichtliche Streitbeilegungsmechanismen, wie das oben erwähnte Kostenprüfungsverfahren des Ausschusses der RAK, nicht durchgeführt worden bzw erfolgreich gewesen sein, besteht die Möglichkeit, Streitigkeiten über den Honoraranspruch im ordentlichen Rechtsweg auszutragen.

Im Zuge von Honorarprozessen muss der RA die ihn treffende **Verschwiegenheitsverpflichtung gegenüber seinem Mandanten** gem § 9 Abs 2 RAO beachten. Er darf daher nur Angaben über das Vertretungsverhältnis zum Mandanten machen, welche zur begründeten Geltendmachung seiner Honorarforderung unbedingt notwendig sind (OGH 19. 9. 2000, 10 Ob 91/00f) und dem Mandanten keine sonstigen gewichtigen Nachteile, wie zB die Einleitung eines Strafverfahrens, verursachen (OBDK

14. 10. 1991, Bkd 92/89). Daraus ergibt sich weiters, dass es dem RA verboten ist, Honorarforderungen ohne Zustimmung des Mandanten abzutreten (**Zessionsverbot**), selbst wenn er seinen Anspruch an einen anderen RA zedieren möchte, da dieser als Zessionar nicht zur Verschwiegenheit gegenüber dem Mandanten eines anderen RA verpflichtet ist (vgl *Feil/Wennig*, Anwaltsrecht[5] § 1 DSt 21).

> ! **Beispiel:**
>
> Bei **aufrechtem Vertretungsverhältnis (noch nicht abgeschlossene Fallbearbeitung) ist die Führung eines Honorarprozesses grundsätzlich unzulässig**. Nach Beendigung der Fallbearbeitung bzw des Vertretungsverhältnisses ist es jedoch dem RA keineswegs verwehrt, seine Honorarforderung gegenüber dem Klienten auch gerichtlich geltend zu machen. Dabei mag es im Einzelfall zutreffen, dass die Prozessführung durch die **Einhaltung der fortdauernden Verschwiegenheitspflicht** erschwert wird. Das ändert aber nichts daran, dass auch in einem solchen Fall die Pflicht zur Wahrung der Verschwiegenheit grundsätzlich bestehen bleibt, und zwar uneingeschränkt jedenfalls dann, wenn andernfalls **der Klient der Gefahr eines (Finanz-)Strafverfahrens ausgesetzt würde** (OBDK 14. 10. 1991, Bkd 92/89).

Das Gericht entscheidet über die Angemessenheit der Honorarforderung auf Grundlage einer allenfalls getroffenen Honorarvereinbarung und der dem Anspruch zugrunde liegenden gesetzlichen Bestimmungen idR unter **Beiziehung eines Kostensachverständigen**. Der Sachverständige ist zumeist ein Mitglied des Ausschusses der RAK (OBDK 11. 5. 1981, Bkd 65/80 = AnwBl 1982/1606).

III. Kostenersatz im Zivilprozess (Kostenersatz vom Prozessgegner)

A. Grundsätze

- **Kostenersatzprinzip (§ 41 ZPO)**
- **Umfang: Verdienst + USt + BA (PG, SV-GA, Zeugengebühren etc)**
- **Klausel: „zur zweckentsprechenden Rechtsverfolgung notwendig"**
- **Bei teilweisem Gewinn: Aliquotierung gem § 43 ZPO**
- **Fristgerechte Kostenverzeichnung**

1. Kostenersatzprinzip

Im streitigen Gerichtsverfahren gilt gem §§ 41 ff ZPO das **Kostenersatzprinzip**: Grundsätzlich hat die verlierende Partei dem siegreichen Kläger oder Beklagten die Kosten zu ersetzen (§ 41 Abs 1 ZPO):

„Die in dem Rechtsstreite vollständig unterliegende Partei hat ihrem Gegner, sowie dem diesem beigetretenen Nebenintervenienten alle durch die Prozessführung verursachten, zur zweckentsprechenden Rechtsverfolgung oder Rechtsverteidigung notwendigen Kosten zu ersetzen."

Probleme ergeben sich im Hinblick auf die **Höhe des Kostenersatzes**. Diese bemisst sich anhand des **RATG** (BGBl 1969/189 idgF; vgl insbesondere § 41 Abs 2 ZPO: „Soweit das Maß der Entlohnung des Rechtsanwalts oder sonst die Höhe der Kosten durch Tarife geregelt ist, hat die Feststellung des Kostenbetrages nach diesen Tarifen zu geschehen."), subsidiär der Allgemeinen Honorar-Kriterien (AHK), kundgemacht auf der Homepage des Österreichischen Rechtsanwaltskammertages (http://www.rechtsanwaelte.at) am 10. 10. 2005, welche im Wesentlichen eine Neufassung der davor geltenden AHR 1976 (Kundmachung des Österreichischen Rechtsanwaltskammertages betreffend die Autonomen Honorar-Richtlinien 1976) darstellen. Höhere – im Vereinbarungswege zwischen der Partei und ihrem Vertreter geltende (etwa bei Betrauung eines aus den Medien bekannten „Staranwaltes" mit der Vertretung) – Honorarkosten sind, soweit sie die RATG-Ansätze überschreiten, nicht ersatzfähig; umgekehrt steht der Ersatz nach RATG zu, selbst wenn bei anwaltlicher Betrauung im Innenverhältnis zwischen der vertretenen Partei und ihrem Vertreter (für den – dann aber ohnehin nicht eingetretenen – Verlustfall) ein niedrigerer Tarif vereinbart wurde. Durch die Anknüpfung an die Ansätze im genannten Bundesgesetz (RATG) soll die Diskussion über die Höhe des konkret zustehenden Kostenersatzes weitgehend erübrigt werden.

2. Umfang des Kostenersatzes

Umfang = Verdienst + USt + BA (PG, SV-GA, Zeugengebühren etc)

Der Kostenersatzanspruch umfasst neben

- dem **Verdienst nach RATG** und
- der **USt** daraus auch
- die **Barauslagen**, zu welchen die – üblicherweise im Wege des automatischen Gebühreneinzugs vom auf der Klage angegebenen Konto der einschreitenden Anwaltskanzlei (oder auch der Partei selbst) – entrichteten **Gerichtsgebühren** samt **Kostenvorschüssen für Sachverständigen-, Dolmet-**

scher- und Zeugengebühren sowie sonstige Auslagen (zB besondere Farbkopier-, Fotoabzugs-, Röntgenbildkopier- und Planerstellungskosten) zählen.

§ 16 RATG sieht die gesonderte Vergütung aller Auslagen einschließlich der USt vor. Nach § 17 AHK gilt mangels abweichender Parteienvereinbarung der Grundsatz gesonderten Barauslagenersatzes auch für jene Leistungen, deren Entlohnung nicht durch das RATG bestimmt wird.

Die **Gerichtsgebühren** knüpften ursprünglich an die einzelnen Prozesshandlungen, insbesondere die erstatteten Schriftsätze an. Das GerichtsgebührenG (BG vom 27. 11. 1984 über die Gerichts- und Justizverwaltungsgebühren – GGG, BGBl 1984/501 idgF) stellt jedoch zweckmäßigerweise auf das gesamte Verfahren erster, zweiter bzw dritter Instanz ab. Mit der einmaligen Entrichtung der Gerichtsgebühr mit der Klage sind sämtliche Gerichtsgebühren für das erstinstanzliche Verfahren abgedeckt. Zum Tarif des GGG:

- TP 1 für den Zivilprozess,
- TP 2 für das Rechtsmittelverfahren und
- TP 3 für das Rechtsmittelverfahren dritter Instanz,
- TP 4 für das Exekutionsverfahren,
- TP 5 und 6 für die Insolvenzverfahren (Konkurs-, Ausgleichs-, Unternehmensreorganisationsverfahren),
- TP 7 (Pflegschafts- und Unterhaltssachen), TP 8 (Verlassenschaftsabhandlungen) und TP 12 für das Verfahren außer Streitsachen,
- TP 9 für Grundbuchsachen,
- TP 10 für Firmenbuch- und Schiffsregistersachen,
- TP 11 für Beglaubigungen und Beurkundungen,
- TP 13 für Eingabegebühren im Strafverfahren aufgrund von Privatanklagen und
- TP 14 für Justizverwaltungsgebühren sowie
- TP 15 (für alle Verfahrensarten gemeinsame) Gebühren für Abschriften und Amtsbestätigungen).

Eine Ausnahme hiervon besteht nur bei der nachträglichen Änderung des Streitwertes (s § 18 GGG über Wertänderungen und die hierdurch erforderlich werdende Entrichtung höherer Gerichtsgebühren bei Erhöhung des Streitwertes infolge etwa von Klagsausdehnung). Das gleiche Prinzip der gesamten Gebührenentrichtung für eine Instanz mit dem verfahrenseinleitenden Schriftsatz gilt auch für das Berufungs- und Revisionsverfahren.

3. Klausel der zweckentsprechenden Rechtsverfolgung und Notwendigkeit

Kostenersatz nur bei
– zweckentsprechenden und
– notwendigen
anwaltlichen Leistungen

Die Ersatzfähigkeit umfasst gem § 41 Abs 1 ZPO „alle durch die Prozessführung verursachten, **zur zweckentsprechenden Rechtsverfolgung oder Rechtsverteidigung notwendigen Kosten**". Dadurch besteht eine gewisse Eingrenzung, damit nicht der Umstand besonders zahl- und wortreicher schriftlicher Ausführungen des obsiegenden Parteienvertreters zulasten des Verlierers geht. **Ersatzfähigkeit – zumal bei mehreren Rechtsbehelfen – erlangen daher grundsätzlich jeweils nur die kostengünstigeren Anwaltsleistungen**. Soweit Ausführungen beispielsweise in zwei oder mehreren Schriftsätzen vom Parteienvertreter auch bereits in einem einzigen hätten erstattet werden können, mag sein Honoraranspruch im Innenverhältnis (also gegenüber der eigenen Partei) zwar begründet sein (zumal die Partei die Vertretung durch ihn wünschte und damit auch seinen Stil etc auswählte; auch im Innenverhältnis kann sich jedoch die Frage der Berechtigung weitergehender Ersatzfähigkeit – wenn auch [bei gewonnenem Verfahren und entsprechendem Ersatz der Kosten zum größten Teil durch die Gegenseite] mit verminderter Brisanz – stellen), nicht jedoch im Außenverhältnis gegenüber der grundsätzlich kostenersatzpflichtigen verlierenden Partei. Letztere hat dann nur für einen, nicht aber für die – insoweit unnötigen – weiteren Schriftsätze aufzukommen. Zur Einschränkungsklausel in § 41 ZPO (Ersatzfähigkeit nur der Kosten zur zweckentsprechenden Rechtsverfolgung oder Rechtsverteidigung) besteht umfangreiche, zT **kasuistische** und idR (nämlich aufgrund der Rechtsmittelzugangsbeschränkungen weitgehend fehlenden OGH-Rechtsprechung) nicht so einfach zugängliche **Judikatur** (**erst- und zweitinstanzlicher Gerichte**); zudem weisen die auffindbaren Kostenentscheidungen darüber hinaus oft (eben wegen der fehlenden OGH-Prüfkompetenz und mangelnden Ausübung der österreichweiten Leitfunktion des Höchstgerichts in Kostenfragen) eher weniger eingehende Begründungen auf.

§ 41 Abs 1 aE ZPO ordnet an: „Welche Kosten als notwendig anzusehen sind, hat das Gericht bei Feststellung des Kostenbetrages **ohne Zulassung eines Beweisverfahrens** nach seinem von sorgfältiger Würdigung aller Umstände geleiteten **Ermessen** zu bestimmen." Die Bestimmung gibt damit der oben beschriebenen weitgehenden gerichtlichen Spruchpraxis, welche für Kostenentscheidungen idR weniger Erhebungs- und Begründungsmühen als die meritorische (Haupt-)Sache aufwendet, recht.

4. Teilweises Obsiegen

§ 43 Abs 1 ZPO: aliquoter Kostenersatz („Saldoprinzip")

§ 43 Abs 2 ZPO: nach Billigkeit gänzlicher Kostenersatz wie nach § 41 ZPO!

a) Grundsatz

Bei nicht vollständigem, sondern nur **teilweisem Obsiegen** ordnet § 43 Abs 1 ZPO auch eine entsprechende Reduktion des Kostenersatzanspruches an:

„Wenn jede Partei teils obsiegt, teils unterliegt, so sind die Kosten gegeneinander aufzuheben oder verhältnismäßig zu teilen. Der zu ersetzende Teil kann ziffernmäßig oder im Verhältnis zum Ganzen bestimmt werden. Die von der Partei getragenen Gerichtsgebühren und anderen bundesgesetzlich geregelten staatlichen Gebühren, Kosten von Amtshandlungen außerhalb des Gerichtes, Gebühren der Zeugen, Sachverständigen, Dolmetscher, Übersetzer und Beisitzer, Kosten der notwendigen Verlautbarungen sowie Kosten eines Kurators, die die Partei nach § 10 zu bestreiten hatte, sind ihr dabei verhältnismäßig mit dem Teil zuzusprechen, der dem Ausmaß ihres Obsiegens entspricht."

Es kommt dabei nicht zum Ersatz nach Maßgabe der tatsächlichen Kosten – also bei 60 % Obsiegen: Ersatz von 60 % der konkreten eigenen Kosten minus 40 % der konkreten Kosten des (insoweit siegreichen) Gegners –, sondern zur Saldierung (60 % – 40 % = 20 % Kostenersatzanspruch) und sodann zur Multiplikation dieses Prozentsatzes (im Beispielsfall: 20 %) mit den konkreten (gem RATG und ZPO [Stichwort: nur die Kosten der notwendigen Rechtsverfolgung, s oben] gerechtfertigten) Kosten als Bemessungsgrundlage. Bei den Barauslagen wird in gleicher Weise vorgegangen, wobei jedoch zu berücksichtigen ist, welche Seite bereits Aufwendungen gemacht hat (zB Kläger musste Gerichtskosten für die Klagseinbringung vorschießen, nur einer Seite wurde der Kostenvorschuss für die Sachverständigengebühren auferlegt).

b) Ausnahme

Aus Billigkeitsgründen besteht für das Gericht zudem die Möglichkeit, trotz **bloß teilweisen Obsiegens einen Gesamtzuspruch der Kosten vorzunehmen**, wenn das teilweise **Unterliegen nur einen geringen Teil des Gesamtstreitwertes** betrifft oder aber deshalb für die Partei nicht abzusehen war, da es vom Ergebnis des erst vom Gericht einzuholenden **Sachverständigengutachtens** abhing. Dies ist bspw idR bei Schmerzengeldverfahren der Fall. Dort hängt es in der Praxis zumeist davon ab, wie hoch überklagt wurde. **Bei deutlicher Überklagung** (mehr als doppelt so viel eingeklagt als zugesprochen, also Abweisung über 100 % bzw Stattgebung unter 50 %, s *Fucik* in Rechberger[3] § 43 ZPO Rz 10 mwN) neigt die Judikatur zur Kostenteilung, während sie in den übrigen Fällen idR vom gänzlichen Kostenzuspruch bei Klagsstattgebung zum größten Teil ausgeht.

§ 43 Abs 2 ZPO ordnet an: „Das Gericht kann jedoch auch bei solchem Ausgange des Rechtsstreites der einen Partei den Ersatz der gesamten, dem Gegner und dessen Nebenintervenienten entstandenen Kosten auferlegen, wenn der Gegner nur mit einem verhältnismäßig geringfügigen Teile seines Anspruches, dessen Geltendmachung überdies besondere Kosten nicht veranlasst hat, unterlegen ist, oder wenn der Betrag der von ihm erhobenen Forderung **von der Feststellung durch richterliches Ermessen, von der Ausmittlung durch Sachverständige**, oder von einer gegenseitigen Abrechnung abhängig war."

c) Beispielsfälle

Beispiel 1:

Kurt Kläger wird durch RA Dr. Peter Pluto vertreten. Ihm sind Vertretungskosten von 7.000 Euro (darin enthalten 1.000 Euro an USt und 1.000 Euro PG und BA) entstanden. Bruno Beklagter hat Mag. Detlev Striker Vollmacht erteilt, wobei Vertretungskosten von 5.000 Euro (darin enthalten 800 Euro USt und 200 Euro BA) entstanden sind. Das Verfahren geht 50:50 aus, also Klagsstattgebung zur Hälfte, Klagsabweisung ebenfalls zur Hälfte. Wie sieht die Kostenentscheidung nach § 43 Abs 1 ZPO aus?

Lösung 1:

Kostenaufhebung, also kein wechselseitiger Kostenersatz, aber Ersatz von 50 % der PG und BA an Kläger, 50 % der BA an den Beklagten. Naturgemäß muss es sich tatsächlich um ersatzfähige BA handeln. Diesfalls bestehen zwei Möglichkeiten der Ersatzausmittlung, welche auf das gleiche Ergebnis hinauslaufen: Entweder werden alle gerechtfertigten BA beider Seiten zusammengezählt und sodann eine endgültige Tragung im Gewinn- bzw Verlustverhältnis arrangiert oder – wie im Bsp – die von beiden Seiten jeweils getragenen gerechtfertigten BA werden im Gewinn- bzw Verlustverhältnis jeder Seite von der anderen refundiert.

Beispiel 2:

Variante von Bsp 1; Kurt Kläger gewinnt mit 70 %, Klagsabweisung also von 30 %. Wie lautet die Kostenentscheidung nach § 43 Abs 1 ZPO?

Lösung 2:

Kostenersatz an Kläger hinsichtlich des Anwaltsverdiensts (= reine RA-Kosten) von 40 % (= 70 % Obsiegensquote minus 30 % Verlustquote), hinsichtlich der BA (insbesondere PG) jedoch 70 % sowie 30 % Ersatz der BA des Beklagten durch den Kläger! Zur Berechnung des BA-Ersatzes s Lösung 1 aE.

Beispiel 3:

Weitere Variante von Bsp 1 und 2; wie lautet die Kostenentscheidung nach § 43 Abs 2 ZPO?

Lösung 3:

Da das Prozessergebnis von der Ausmittlung durch ein oder mehrere Sachverständigengutachten abhängig war und keine offensichtliche Überklagung vorgelegen hat, gebührt dem Kläger voller (100%iger!) Kostenersatz hinsichtlich des Anwaltsverdiensts und der BA!

Beispiel 4:

Weitere Variante von Bsp 2; Beklagter war nicht anwaltlich vertreten. Wie lautet die Kostenentscheidung nach § 43 Abs 2 ZPO?

Lösung 4:

Es bleibt dennoch bei der Lösung wie in Bsp 2.

d) Gemeinsame Leistungen

Auch sonst kann es zur Kostenteilung kommen, etwa wenn Leistungen gemeinsam erbracht worden sind. Bei einem gemeinsamen Delegierungsantrag anfallende Kosten stehen den Parteien bspw jeweils zur Hälfte zu. S OGH 31. 1. 2006, 1 Ob 268/05a.

5. Nebenintervention

- **Bei Obsiegen: voller Kostenersatz für Nebenintervenienten**
- **Bei teilweisen Obsiegen: aliquoter Kostenersatz für Nebenintervenienten**
- **Bei Verlust: kein Kostenersatz für Nebenintervenienten durch die verlierende Hauptpartei, jedoch Erhöhung der Kosten der Gegenseite durch Streitgenossenzuschlag**

Der Ersatzanspruch nach § 41 ZPO steht nicht nur der siegreichen (Haupt-)Partei, sondern auch dem auf ihrer Seite dem Verfahren beigetretenen **Nebenintervenienten** zu. Die Situation des Nebenintervenienten im Kostenersatzrecht erscheint vor dem Hintergrund der Waffengleichheit nicht unbedenklich. Bei Obsiegen „seiner" Hauptpartei steht ihm ein eigener Kostenersatzanspruch zu, demgegenüber trifft ihn keine (auch keine Mit-)Haftung für die Prozesskosten der Gegenseite im Verlustfall, obwohl er den Vorteil der Prozessteilnahme für sich erlangt und idR zumindest für die Kostenerhöhung (Erhöhung des Ersatzanspruches des Gegners um 10 % bzw 5 % wegen des Streitgenossenzuschlages) Verantwortung trägt. Derartige rechtspolitische Bedenken führen jedoch zu keiner Änderung der Rechtslage, sondern sollten allenfalls den Gesetzgeber entsprechend auf den Plan rufen. Einzuräumen bleibt, dass dem Nebenintervenienten bspw bei Vergleich, Rechtsmitteln etc gegen den erklärten Willen der Hauptpartei kein Einfluss zukommt und er zudem zur Streithilfe gehalten ist, da er andernfalls die Nachteile in einem allfälligen Regressverfahren tragen muss, wenn er sich nicht am Verfahren beteiligt hat.

§ 15 RATG regelt die **Erhöhung der Entlohnung bei mehreren Personen** im Zivilprozess. Dem RA gebührt eine Erhöhung seiner Entlohnung, wenn er in einer Rechtssache mehrere Personen vertritt oder mehreren Personen gegenübersteht. Die Erhöhung beträgt **10 %** bei der ersten zusätzlichen vom RA vertretenen Person oder bei der ersten zusätzlichen gegnerischen Partei bzw beim ersten zusätzlichen gegnerischen Nebenintervenienten. Bei jedem weiteren **5 %. Maxmial beträgt der Streitgenossenzuschlag 50 %.**
Daraus folgt sodann zweierlei:

1. Bei **Nebenintervenienten auf der eigenen Seite** kommt es zu **keiner Erhöhung**.
2. Wegen der Höchstklausel von 50 % in § 15 RATG lohnt sich die Vertretung mehrerer Parteien bzw eine mehrpersonale Gegenseite in rein finanzieller Hinsicht **bis zur neunten Person** (10 % + 8*5 % = insgesamt 50 % Höchstsatz), danach bleiben mehrere weitere vertretende Personen auf der eigenen oder der Gegenseite kostenneutral.

6. Vertretung durch auswärtigen RA

- **Vertretung durch in- wie auswärtigen RA möglich**
- **Höhere Kosten (2* ES oder Reisekosten) bei Erforderlichkeit (besonderes Vertrauensverhältnis, ebenfalls auswärtige Partei)**

Bei Vertretung durch einen RA mit **Kanzleisitz außerhalb des Gerichtsortes** gebührt grundsätzlich für die Verhandlungsverrichtung der doppelte Einheitssatz (bzw alternativ der Ersatz der Reisekosten nach TP 9). Die Zuziehung eines auswärtigen Anwaltes steht der Partei prinzipiell frei (**Grundsatz der freien Anwaltswahl**). Der Ersatz der dadurch bedingten **höheren Kosten** (also doppelter ES bzw Reisekosten etc) steht ihr jedoch im Fall des Prozessgewinns nur dann zu, wenn dies erforderlich war, etwa wegen Wohn- oder Geschäftssitz der Partei ebenfalls außerhalb des Gerichtsortes. § 41 Abs 3 ZPO ordnet idS an: „Die Vorschriften des ersten Absatzes gelten insbesondere auch hinsichtlich der Kosten, welche durch die Zuziehung eines nicht am Sitze des Prozessgerichtes oder des ersuchten Richters wohnenden Rechtsanwalts entstanden sind."

Anmerkung: Andere Länder, andere Sitten! In Österreich umfasst die Vertretungsbefugnis das gesamte Bundesgebiet, in den USA bzw in der BRD bedarf es der Zulassung für einen bestimmten Gerichtssprengel.
Zu den Kosten und zum Fall der Mandatserteilung an einen ausländischen RA, die notwendige Beiziehung eines Einvernehmensanwaltes und die diesbezüglichen Kostenersatzes s sogleich im nächsten Punkt.

7. Kosten mehrerer (gleichzeitig eingeschalteter) RAe

Zu den Kosten **mehrerer eingeschalteter RAe** (etwa Betrauung eines „dream teams" [vgl die Betrauung mehrerer renommierter spezialisierter Anwaltskanzleien mit der Verteidigung im Strafverfahren in den USA durch O. J. Simpson, in welchem (im Gegensatz zum Zivilverfahren, in welchem auf beiden Seiten andere Parteienvertreter agierten) trotz erdrückend erscheinender Beweislage ein Freispruch erreicht werden konnte.] mit der Rechtsvertretung) ordnet § 41 Abs 3 aE ZPO an:

„Die Kosten, welche dadurch verursacht wurden, dass für die nämliche Partei mehrere Rechtsanwälte beigezogen wurden, sind jedenfalls nur insoweit zu erstatten, als sie die Kosten der Beiziehung eines Rechtsanwalts nicht übersteigen, oder als in der Person des Rechtsanwalts ein Wechsel eintreten musste."
Dieser Regelung kommt Bedeutung insoweit zu, als § 19 RATG hinsichtlich der Entlohnung bei gemeinschaftlicher Tätigkeit mehrerer RAe vorsieht, dass für Leistungen, die von einer Partei mehreren RAe gemeinschaftlich übertragen werden, jeder RA gegenüber der von ihm vertretenen Partei für seine Leistungen den vollen Anspruch nach dem Tarif erwirbt. Die Mandatserteilung an mehr als einen RA geht daher jedenfalls kostenmäßig zulasten des Auftraggebers, der im günstigsten Fall des Prozessgewinns nach § 41 Abs 3 aE ZPO nur einmal vollen Kostenersatz für einen RA ansprechen kann.
Im Fall des Einschreitens eines nicht in Österreich, wohl aber in einem EU-Mitgliedsland eingetragenen RA kommt diesem zwar grundsätzlich die gleiche Einschreitebefugnis wie im Heimatland zu, wobei dies jedoch an die Ablegung von Zusatzprüfungen und/oder die Einbindung eines in Österreich ansässigen RA (sog „Einvernehmensanwalt" nach § 5 Abs 1 EuRAG) geknüpft ist. Für die hierdurch auftretenden zusätzlichen Kosten gilt ebenfalls das oben Gesagte. Für die Kosten des einschreitenden ausländischen RA zuzüglich jener des Einvernehmensanwaltes gibt es eine **Begrenzung der Ersatzpflicht** durch die Gegenseite in Höhe von **insgesamt 125 % der Kosten** bei Einschreiten „nur" eines in Österreich ordinierenden RA.
Die **Kostenbegrenzung für den Einvernehmensanwalt** ergibt sich explizit aus § 16 aE RATG: „Ebenso gesondert zu vergüten sind zusätzliche Auslagen, die einer Partei durch Beiziehung eines Einvernehmensrechtsanwalts nach § 5 Abs 1 EuRAG entstehen, jedoch nicht mehr als 25 vH der Verdienstsumme einschließlich des Einheitssatzes; Reisekosten, Entschädigung für Zeitversäumnis und sonstige Auslagen zählen hiebei nicht zur Verdienstsumme."

Kontrollfrage

Wie sieht es aus, wenn sich der RA selbst vertritt?

Lösung:

Es steht – im Gewinnfall – Kostenersatz nach RATG zu. (In steuerlicher Hinsicht kommt es auf die Frage der privaten oder geschäftlichen Eigenvertretung an; im ersteren Fall wäre uU an eine „Privatentnahme" und damit Versteuerungspflicht zu denken.)

8. Kostenersatz, wenn Vertretung nicht durch RA

- **Partei (Eigenvertretung): „nur" BA-Ersatz, Zeitversäumnis**
- **ÖGB/AK: eigener Aufwandersatz gemäß VO**
- **Einschreiten in eigener Sache durch RA: RATG**

Sofern keine (absolute) Anwaltspflicht (früherer Begriff: „Anwaltszwang") besteht, kann die **Partei** auch **selbst tätig** werden. Die relative Anwaltspflicht betrifft das Gebot, für den Fall der Vertretung einen Anwalt zu betrauen, wobei jedoch keine Verpflichtung zur Vertretung besteht, da persönliches Einschreiten ausreicht. Dagegen muss bei absoluter Anwaltspflicht für die Vertretung Sorge getragen werden. Im Fall des Obsiegens steht ihr jedoch dann **kein eigenständiger Vertretungskostenersatz** zu, **da keine gesonderten derartigen Vertretungskosten entstanden sind, sondern bloßer Aufwandersatz** (Fahrscheine, sonstige Reisekosten, Sachverständigengebühren, erlegte Kostenvorschüsse für Dolmetscher-, Sachverständigen- und Zeugengebühren). § 42 Abs 1 ZPO ordnet idS an: „Für ihre persönlichen Bemühungen kann die Partei wie der Nebenintervenient bei Feststellung der Prozesskosten eine Vergütung nicht ansprechen. Wenn deren persönliches Erscheinen vor Gericht notwendig war, und insbesondere wenn die Partei in dem Verfahren vor Bezirksgerichten ohne einen Bevollmächtigten erscheint, ist für den durch Zeitversäumnis etwa entstandenen Schaden, sowie für die Reiseauslagen Ersatz zu leisten." Bei relativer Anwaltspflicht gebührt gem Abs 2 leg cit ebenfalls nur Aufwandersatz: „Wird eine Partei durch Bevollmächtigte vertreten, welche nicht dem Rechtsanwalts- oder Notariatsstande angehören, so ist der unterliegende Gegner nur zum Ersatze der Stempel- (Anm der Autoren: bspw früher, als es diese noch gab, Stempelgebühr für die Vertretungsvollmacht) und anderen Staatsgebühren und der durch die Prozessführung verursachten notwendigen Barauslagen zu verhalten."

Diese Bestimmung gilt jedoch nach § 42 Abs 2 ZPO nicht für die Kostenersatzansprüche der durch die **Finanzprokuratur** vertretenen Parteien. Bei der Finanzprokuratur handelt es sich um die Anwaltskanzlei des Bundes. Ihr (bzw dem Bund als ihrem Rechtsträger) gebührt im Fall des Prozesserfolges der Kostenzuspruch „gleich einem Rechtsanwalt".

Von der **Eigenvertretung** durch die Partei ist jene **durch den RA** zu unterscheiden. Hierfür gebührt Ersatz nach dem RATG. Dennoch wird idR von der Eigenvertretung abgeraten, da die Gefahr einer zu geringen professionellen Distanz zum Fall besteht. Es handelt sich um den einzigen Fall des Verdienstersatzes bei Eigenvertretung. In anderen Fällen der zulässigen Eigenvertretung (Richter, Angehörige der Finanzprokuratur, rechtskundige Beamte/Bedienstete von Gebietskörperschaften [bei VwGH-Verfahren]) besteht kein Anspruch auf Verdienstersatz.

Sofern die Vertretung des Dienstnehmers in **Arbeits- und Sozialrechtssachen** durch den ÖGB-GÖD oder die Arbeiterkammer bzw die für diese Institutionen einschreitenden Funktionäre erfolgt, steht im Fall des Prozessgewinns nicht der Ersatz nach dem RATG zu, sondern nach dem AufwandersatzG 1993 (BGBl 1993/28 idgF): Nach dessen § 1 Abs 1 gebührt einer gesetzlichen Interessenvertretung sowie einer freiwilligen kollektivvertragsfähigen Berufsvereinigung in Rechtsstreitigkeiten nach § 50 Abs 1 ASGG gegenüber dem Gegner der von ihrem Funktionär oder Arbeitnehmer (§ 40 Abs 1 Z 2 ASGG) vertretenen Partei der Zuspruch des pauschalierten Aufwandersatzes unter sinngemäßer Anwendung der Vorschriften der ZPO (§§ 41 ff, also nach dem Obsiegen der vertretenen Partei) iVm der AufwandersatzVO (BGBl II 2008/475 – Verordnung der Bundesregierung über den Aufwandersatz von gesetzlichen Interessenvertretungen und kollektivvertragsfähigen freiwilligen Berufsvereinigungen in Arbeitsrechtssachen, aufgrund der §§ 1 und 2 AufwandersatzG). Letztere VO sieht Ersätze unabhängig vom Streitwert vor. Nach § 1 der AufwandersatzVO beträgt die Höhe der als Aufwandersatz in Arbeitsrechtssachen zu leistenden Pauschalbeträge für das Verfahren erster Instanz bis zur ersten Tagsatzung zur mündlichen Streitverhandlung oder bis zur abgesonderten Abhaltung einer ersten Tagsatzung bzw bis zur Erlassung eines Zahlungsbefehls, Zahlungsauftrags- oder Versäumungsurteils 220 Euro (Abs 1 lit a), für das weitere Verfahren 385 Euro (Z 1 lit b), für das Berufungsverfahren und das Verfahren über einen Rekurs gegen einen Endbeschluss 385 Euro (Z 2).

9. Prozessverzögerung

Zudem ist auch der **mutwillige Prozessverzögerer bzw -verschlepper** selbst bei Prozessgewinn zum Kostenersatz nach § 44 ZPO verpflichtet. Die Bestimmung will dem Gericht ein Mittel zur Prozessbeschleunigung in die Hand geben:

„Abs 1: Werden tatsächliche Behauptungen oder Beweismittel unter Umständen angebracht, aus welchen das Gericht die Überzeugung gewinnt, dass die Partei imstande war, dieselben früher geltend zu machen, und wird durch die Zulassung eines solchen Vorbringens die Erledigung des Rechtsstreites verzögert, so kann das Gericht auf Antrag oder von Amts wegen der Partei, welche ein solches Vorbringen gemacht hat, auch wenn sie obsiegt, den Ersatz der Prozesskosten ganz oder teilweise auferlegen.

Abs 2: Dies gilt insbesondere auch von Anführungen und Beweisanbietungen, die bereits in einem von der obsiegenden Partei überreichten vorbereitenden Schriftsatze hätten angebracht werden sollen und deren **späteres Vorbringen** eine Verzögerung der Verhandlung oder der Erledigung des Rechtsstreites bewirkt hat."

10. Anerkenntnis

§ 45 ZPO: bei sofortigem Anerkenntnis ohne Mahnung – Prozesskostenersatz an Beklagten!

Eine Ausprägung des bereits in § 41 ZPO zum Ausdruck kommenden Grundsatzes, dass nur notwendige und zweckentsprechende Kosten der Rechtsverfolgung Ersatzfähigkeit erlangen, besteht im Fall des sofortigen **Anerkenntnisses ohne** (erweisliche) **vorherige Mahnung**. Bei derartiger Konstellation verpflichtet § 45 ZPO den mutwilligen – mutwillig deshalb, weil er offenbar durch bloße Mahnung die Anspruchsbefriedigung erreichen hätte können, ohne die Gerichte befassen zu müssen und neben dem zusätzlichen (Arbeits-)Aufwand (Gerichts- und Vertretungs-)Kosten auflaufen zu lassen – Kläger zum Kostenersatz an den sofort die Ansprüche anerkennenden Beklagten: „Hat der Beklagte durch sein Verhalten zur Erhebung der Klage nicht Veranlassung gegeben und den in der Klage erhobenen Anspruch sofort bei erster Gelegenheit anerkannt, so fallen die Prozesskosten dem Kläger zur Last. Er hat auch die dem Beklagten durch das eingeleitete gerichtliche Verfahren verursachten Kosten zu ersetzen."

11. Kostenseparation

- **Bei verspäteter Beweisbenennung (Zeugen, Urkunden etc): Kostenersatz für zusätzlichen Verfahrensaufwand**
- **Verursachungsprinzip**
- **Antrag auf Kostenseparation**

§ 48 ZPO kennt das **Verursachungsprinzip**:

„Werden einer Partei dadurch, dass ihr Gegner schuldhaft tatsächliche Anführungen oder Beweisanbietungen verspätet vorbringt, oder lediglich durch Zwischenfälle, die infolge eines Verschuldens des Gegners oder eines ihm widerfahrenen Zufalles im Laufe des Verfahrens eintreten, Kosten verursacht, so kann ihr das Gericht **auf Antrag** oder von Amts wegen den Ersatz dieser Kosten unabhängig vom Ausgange des Rechtsstreites zusprechen. Ist im Zeitpunkt dieser Entscheidung nicht oder nur mit unverhältnismäßigen Schwierigkeiten festzustellen, welche Kosten durch die Verspätung bzw den Zwischenfall verursacht worden oder wie hoch sie sind, so ist der Ersatzbetrag in sinngemäßer Anwendung des § 273 zu bestimmen."

Bei dem angesprochenen Antrag handelt es sich um den sog **„Antrag auf Kostenseparation"**. Von diesem wird der „Präklusionsantrag" unterschieden; bei Letzterem geht es um das Ausscheiden eines Beweismittels, dessen Einholung zu lange dauern würde (Zeuge konnte trotz mehrfacher Ladung mit Beugestrafenverhängung und Vorführungsandrohung nicht einvernommen werden, da seine Ladungsadresse unbekannt geblieben war etc).

12. Sonderfall – Verfahrensnichtigkeit

- **Bei Verfahrensnichtigkeit: idR Kostenaufhebung**
- **Ausnahme: Kostenersatzpflicht bei Verschulden(svorwurf)**

Im Sonderfall der Aufhebung des Verfahrens von Amts wegen bzw des Ausspruches der Nichtigkeit (zB wegen Unzulässigkeit des Rechtsweges, da Zuständigkeit der Verwaltungsbehörden bzw Eigenzuständigkeit des VfGH, vgl Art 137 B-VG) sieht § 51 ZPO grundsätzlich die **wechselseitige Kostenaufhebung** (in Abs 2 leg cit) vor; nur bei (überwiegendem) Verschuldensvorwurf an eine Seite – welcher bei schwierigen und komplexen Rechtsfragen betreffend die Rechtswegzulässigkeit idR nicht gemacht werden kann – kommt der Ausspruch von deren Kostenersatzpflicht infrage.

Besonderheiten bestehen ferner gem § 45a ZPO für das Verfahren wegen Scheidung, Aufhebung oder Nichtigerklärung der Ehe.

13. Kostenverzeichnung

Kostenzuspruch: nur bei – rechtzeitiger und richtiger – Verzeichnung!

Die Verzeichnung erfolgt im Verfahren erster Instanz durch Vorlage der (vollständig ausgefüllten) Kostennote vor dem Schluss der mündlichen Verhandlung erster Instanz. Üblicherweise wird im Tonbandprotokoll vom Richter fest gehalten:

„Beschluss auf Abweisung sämtlicher noch offener Beweisanträge wegen Spruchreife. Parteienvertreter legen Kostennoten, Entscheidung ergeht schriftlich."

Bei Rechtsmitteln und Rechtsmittelbeantwortungen ebenso wie beim Antrag auf Erlassung eines Versäumnisurteils erfolgt die Kostenverzeichnung am Ende des Schriftsatzes.

Dies kann sich auch in anderen Fällen als zweckmäßig erweisen. Gedacht sei etwa an den Fall, dass beim Antrag auf Erlassung des Versäumungsurteiles auf das Kostenverzeichnis (entweder für das gesamte Verfahren oder „nur" für die Klage) seitens der Kanzlei vergessen wird. Diesfalls würde eine bereits erfolgte Kostenverzeichnung in der Klage das Malheur (weitgehend) beheben. Im Zweifel sollten daher die Kosten – selbst auf die Gefahr hin, den Eindruck großer Begehrlichkeit beim Forum und der Gegenseite zu erwecken – bereits in den (Klags- oder sonstigen) Schriftsatz aufgenommen werden.

Die Kostenentscheidung setzt nur (§ 52 ZPO) die rechtzeitige (nämlich vor Schluss der mündlichen Verhandlung erster Instanz bzw bei später entstehenden Kosten durch entsprechende Verzeichnislegung gem § 54 Abs 2 ZPO vier Wochen nach Entstehen) Legung des Kostenverzeichnisses voraus, nicht aber auch den – in der Praxis aber ohnedies üblichen – Antrag auf Kostenersatz.

Bei **nachträglich entstandenen Kosten** oder in Fällen, in welchen eine vorherige Kostenverzeichnung nicht möglich war, bedarf es eines **Kostenbestimmungsantrages** binnen der Notfrist von vier Wochen (§ 54 Abs 2 ZPO). Gedacht sei in diesem Zusammenhang etwa an den Fall der Klagerücknahme (ohne oder auch mit Anspruchsverzicht). Diese wird von jener Seite, welche die Klage zurücknimmt, dem Gericht und allenfalls auch der Gegenseite zur Kenntnis gebracht. Das Gericht verständigt sodann in jedem Fall (wegen der Auslösung der Notfrist von vier Wochen für den Kostenbestimmungsantrag und daher der grundsätzlichen Nichtanwendbarkeit des § 112 ZPO) die Gegenseite, welcher dann eben ein Zeitraum von vier Wochen für den Bestimmungsantrag zur Verfügung steht.

Die Bestimmung des § 54 Abs 2 ZPO lautet (Hervorhebungen von den Autoren):

„Entstehen einer Partei nach dem Zeitpunkt, bis zu dem nach Abs 1 das Kostenverzeichnis einzureichen ist, weitere Kosten, deren Ersatz sie von dem anderen Teil verlangen kann, so kann sie eine Ergänzung der Entscheidung über die Höhe der zu ersetzenden Kosten beantragen. Bestehen die Kosten in einer Zahlungspflicht, so gelten sie als mit deren Begründung entstanden; haftet jedoch mit der zum Kostenersatz berechtigten Partei auch deren Gegner solidarisch, gelten die Kosten erst mit der Zahlung als entstanden. Der Antrag auf Ergänzung der Kostenentscheidung ist binnen einer **Notfrist von vier Wochen ab dem Entstehen** der Kosten zu stellen; bestehen jedoch die Kosten in einer Zahlungspflicht und ist der Gläubiger nicht der Bevollmächtigte der Partei, so beginnt die Frist erst zu laufen, wenn der Partei ihre Verbindlichkeit zahlenmäßig bekannt gegeben und wenn sie fällig oder wenn sie vorher gezahlt wird. Das Gericht entscheidet ohne mündliche Verhandlung durch Beschluss; im Verfahren vor dem Gerichtshof entscheidet der Vorsitzende."

14. Ohne (rechtzeitige Legung der) Kostennote kein Kostenzuspruch

- **Unbedingt Kostennote legen**
- **Vor Schluss der mündlichen Verhandlung erster Instanz**
- **In Ausnahmefällen sogar bereits davor: Verfahrenszwischenstreit, Provisorialverfahren (EV-Verfahren)**
- **Im Zweifel: höhere Verzeichnung/Tarifierung**

a) § 54 Abs 1 ZPO

Die für die **Legung des Kostenverzeichnisses** wichtige Bestimmung des § 54 Abs 1 ZPO lautet:

„Die Partei, welche Kostenersatz anspricht, hat **bei sonstigem Verluste** des Ersatzanspruches das Verzeichnis der Kosten samt den zur Bescheinigung der Ansätze und Angaben dieses Verzeichnisses etwa erforderlichen Belegen vor Schluss der der Entscheidung über den Kostenersatzanspruch (§ 52) unmittelbar vorangehenden Verhandlung, wenn aber die Beschlussfassung ohne vorgängige Verhandlung erfolgen soll, bei ihrer Einvernehmung oder gleichzeitig mit dem der Beschlussfassung zu unterziehenden Antrage dem Gerichte zu übergeben."

Fehlende Kostenverzeichnung führt also zum entsprechenden Entfall des Anspruches auf Kostenersatz. In einem Fall (OGH 31. 1. 2006, 1 Ob 268/05a) hatte die im Verfahren vor dem OGH siegreiche klagende Partei für die Berufung keine Kosten verzeichnet, weshalb ihr diese auch nicht zuzusprechen waren.

b) Technische Abwicklung

Sofern keine **Anwaltssoftware** Verwendung findet, bei welcher automatisch die Kosten generiert und aktuell gehalten werden, empfiehlt sich der Einsatz eines Programmes zur **Tabellenkalkulation** für die Erstellung des Kostenverzeichnisses und der aktualisierten Führung desselben. Hierfür bieten sich etwa MS Excel an oder das Textverarbeitungsprogramm MS Word mit der Tabellenkalkulationseinfügefunktion.

Besonderer Beachtung bedarf der Umstand, dass **Streitwertänderungen mitprotokolliert** werden müssen, zumal wenn sie Änderungen auf den Tarifansatz mit sich bringen und damit zu einer geänderten Höhe der Kostenverzeichnung führen. Für den Parteienvertreter stellt es oft eine schwierige Situation dar, einen Akt ohne aktuelles Kostenverzeichnis übernehmen zu müssen, bei welchem die Erstellung der Kostennote einen nicht unwesentlichen Zeitraum in Anspruch nimmt. Naturgemäß eröffnet die Erstellung der Kostennote auch die Möglichkeit, den Akt aufs Neue zu studieren, schon um der Notwendigkeit der Durchsicht sämtlicher zu verzeichnender Verfahrensschritte zu genügen. Es besteht aber idR eine ziemlich mühsame Situation darin, ein Kostenverzeichnis kurz vor oder in der Verhandlung erstellen zu müssen, wenn dessen Anfertigung bislang unterblieben ist.

Zur Erstellung der Kostennote erweist sich die Verwendung einer Tabellenkalkulation (zB MS Excel) als zweckmäßig. Vgl dagegen die händische Kostennotenerstellung im Hinblick auf den letzten Verhandlungstermin im Muster *Deixler-Hübner/Klicka*, Zivilverfahren[4] Rz 100. Die Anfertigung des Kostenverzeichnisses unter Verwendung von Drucksorten entsprach früher der Praxis. Die EDV-Unterstützung bringt jedoch die beschriebenen Vorteile und erweist sich damit idR der hand- oder maschinschriftlichen Erstellung überlegen. Gedacht sei in diesem Zusammenhang auch an die Notwendigkeit der Herstellung von zumindest drei Kostenverzeichnissen (bei mehr als zwei Parteien sogar von entsprechend mehreren Kostennoten): 1x für den Gerichtsakt, 1x für die Gegenseite und 1x für den eigenen Akt (zur Anheftung an den Bericht der letzten Verhandlung).

Dabei können Berechnungsformeln zum Einsatz kommen. Dies gilt einerseits für die Berechnung des Einheitssatzes von 50 % bzw 60 % („= oberes Feld x 0,5 bzw 0,6") und andererseits die Summenfunktion („Σ" bzw „= Summe von der ersten bis zur letzten zu addierenden Zelle"). Die Verwendung der Tabellenkalkulationen stellt in diesem Zusammenhang eine ganz wesentliche Arbeitserleichterung dar. Gleichzeitig bedarf die Kostennote der **anwaltlichen Letztkontrolle** zumal bei Formelverwendung, da beim Gebrauch von Vorlagen auch Redaktionsfehler (unterlassene Anpassung des Einheitssatzprozentsatzes von 50 % bzw 60 % je nach Streitwert; die Grenze für den 60%igen Einheitssatz stellt derzeit der Betrag von 10.170 Euro gem § 23 Abs 3 RATG dar) unterlaufen können bzw auch im Hinblick auf die Summenfunktion (Erfassung einer zu geringen Anzahl von Beträgen), es bedarf daher der Sicherstellung, dass sämtliche, sohin auch die hinzugefügten Zellen von der Summierungsfunktion erfasst werden.

Bewährt hat es sich weiters, beim jeweils letzten Verhandlungstermin eine weitere Verhandlungsstunde miteinzukalkulieren. Dadurch ergibt sich für den einschreitenden Parteienvertreter in der Verhandlung nicht die kurzfristige zusätzliche Berechnungsnotwendigkeit hinzukommender Honorare für diese weitere Verhandlungsstunde. Alternativ dazu sollte bei der Kostennote auch die Berechnung auf Basis der auf der gerichtlichen Ladung angegebenen voraussichtlichen Verhandlungsdauer, also ohne die weitere Verhandlungsstunde erfolgen. Diesfalls bedarf es für den Parteienvertreter lediglich des Anzeichnens des relevanten Gesamtbetrages, also ohne die hinzutretende Verhandlungsstunde bzw mit derselben, je nachdem, wie lang der letzte Verhandlungstermin dauert. Kommerzielle Programme zu Erstellung von anwaltlichen Kostennoten sehen darüber hinaus auch noch Alternativen vor, nämlich neben einer weiteren Verhandlungsstunde auch noch zwei weitere Verhandlungsstunden bzw drei usw: sog **„Stundenmatrix"**. Dies stellt jedoch idR einen nicht erforderlichen Aufwand dar, zumal es in der Praxis, sofern eine Verzögerung unterläuft, bloß zur Mehrdauer einer weiteren Verhandlungsstunde kommt und nicht von mehreren weiteren Verhandlungsstunden. Sofern tatsächlich um mehrere weitere Verhandlungsstunden überzogen wird, steht einerseits für den Parteienvertreter ein hinlänglich langer Zeitraum zur Verfügung, die Berechnung selbst durchzuführen bzw hat er andererseits sodann hierfür auch bereits die entsprechenden Ansätze für die Kosten der weiteren Verhandlungsstunde zur Verfügung.

Die Notwendigkeit der anwaltlichen Letztkontrolle der Kostennote – auch angesichts der Üblichkeit der Erstellung der Kostennote durch die Kanzlei und nicht den Anwalt bzw dessen Konzipienten sowie unter Verwendung des Kostennotenformulars – ergibt sich im Hinblick auf die gesetzliche Regelung, wonach das Gericht zwar einerseits zum rechtsrichtigen Kostenzuspruch verpflichtet ist (also „Korrekturnotwendigkeit nach unten"), jedoch keine Korrekturmöglichkeit „nach oben" besteht, da dies einem Zuspruch eines Plus gleichkäme, welches nach § 405 ZPO ausgeschlossen ist. Zur (rechtzeitigen) Rüge der Kostennote nach dem neu geschaffenen § 54 Abs 1a ZPO s unter B. 3.

Zuweilen findet sich in manchen Kostennoten auch eine Spalte „zugesprochen(e) Kosten" bzw „zuerkannt". Diese wird heute jedoch mehrheitlich ausgelassen, zumal dadurch das Gericht gewissermaßen erst zur besonders kritischen Durchsicht des Kostenverzeichnisses aufgefordert, um nicht zu sagen provoziert (die Mind-Mapping-Technik basiert darauf, dass Menschen idR darauf bedacht sind, Leerräume auszufüllen; Gleiches mag für eine unausgefüllt gelassene Spalte „zugesprochen[e] Kosten" bzw „zuerkannt" auf einer Kostennote gelten) wird.

c) Frist

Kostenbestimmungsanträge erfolgen idR nicht gesondert, sondern durch Vorlage der Kostennote vor dem Schluss der mündlichen Verhandlung erster Instanz oder in manchen Fällen in den Schriftsätzen selbst. Gedacht sei etwa an den Antrag auf Erlass eines Versäumnisurteils.

Die – „unselbstständigen" (Legung der Kostennote vor dem Schluss der mündlichen Verhandlung erster Instanz, Aufnahme des Kostenbestimmungsbegehrens in einem Schriftsatz) wie auch die selbstständigen – Kostenbestimmungsanträge bergen die immanente **Gefahr der zu geringen und/oder fristwidrigen Verzeichnung**. Das Risiko ist erheblich, da idR keine Sanierungsmöglichkeit besteht. In besonderer Weise kann sich diese Gefahr etwa für den bloßen Substituten realisieren, der beim „programmierten" Prozessgewinn seinen Auftraggeber durch zu geringe oder verfristete bzw unterlassene Kostenverzeichnung schädigt und diesbezüglich auch ersatzpflichtig werden kann.

Die Fristeinhaltung erweist sich im Regelfall als unproblematisch. Vor Schluss der mündlichen Verhandlung erster Instanz muss die Kostennote des Parteienvertreters dem Gericht vorgelegt werden (zu Kontrollzwecken – nunmehr durch den neu geschaffenen § 54 Abs 1a ZPO auch bedeutend für die befristete Kostenrüge; zur [rechtzeitigen] Rüge der Kostennote nach dem neu geschaffenen § 54 Abs 1a ZPO s unter B. 3. – erfolgt auch die Vorlage an die Gegenseite, wobei die Unterlassung der Vorlage einer Ausfertigung der Kostennote an die Gegenseite bei weitem nicht die schädlichen Auswirkungen aufweist wie eine gänzliche Unterlassung der fristgerechten Vorlage der Kostennote, nämlich insbesondere an das Gericht). Eine Nachholung der Vorlage der Kostennote an die Gegenseite wird idR kein Problem darstellen. Demgegenüber besteht keine Nachholungsmöglichkeit bei der unterlassenen fristgerechten Kostenverzeichnung gegenüber dem Gericht.

Nicht nur der Kostenersatzanspruch der Partei, sondern auch das Pfandrecht des RA nach § 19a RAO hängt von der rechtzeitigen und richtigen Kostenverzeichnung ab; s dazu *Ziehensack/Ruprecht*, Berufs- und Standesrecht der RAe 34 f, und *Feil/Wennig*, Anwaltsrecht[6] § 19 RAO Rz 1 mwN).

Noch größerer Aufmerksamkeit des Parteienvertreters bedarf die **notwendige Kostenverzeichnung bei „Zwischenverfahrensbeendigungen"**. Dazu zählen etwa Beschlüsse auf Verfahrensbeendigung im Hinblick auf die geplante Erlassung eines Teilurteiles, welches der schriftlichen Ausfertigung vorbehalten und im Hinblick auf eine Gegenforderung weiterverhandelt wird. Hier bedarf es ebenfalls der fristgerechten Kostenverzeichnung. Gleiches gilt für das Provisorialverfahren, wenn das hierfür abgeführte Bescheinigungsverfahren zwar beendet wurde, jedoch in der Hauptsache weiterverhandelt wird und die Ausfertigung der Entscheidung über die Erlassung oder Aufhebung einer einstweiligen Verfügung der schriftlichen Ausfertigung vorbehalten wird.

Die daraus zu ziehende Lehre besteht darin, **keine Verhandlungsverrichtung ohne vorbereitete und aktualisierte Kostennote** durchzuführen.

d) Ausgewählte Einzelfragen

Bei Abfassung der Kostennote ist die **Zweifelsregel** zu berücksichtigen: **Im Zweifel den höheren Ansatz verzeichnen**, da das Gericht zwar eine Ermäßigung verzeichneter Kosten vornehmen kann bzw muss, nicht jedoch eine Erhöhung derselben (arg § 405 ZPO: kein Zuspruch eines Plus bzw eines Aliud), sowie Kosten besser früher bzw mehrfach verzeichnen, statt einen Entfall von Kostenersatz-(Teil-) Ansprüchen zu riskieren. Nach der – uE wohl begründeten – Auffassung *Mayrs* (Die zivilverfahrensrechtlichen Neuerungen des Budgetbegleitgesetzes 2009, http://www.uibk.ac.at/zivilverfahren/aktuelles/budgetbegleitg uebersicht.pdf, 5 ff) bestehen trotz der Einfügung von § 54 Abs 1a ZPO und der anderslautenden EB sehr wohl die Korrekturmöglichkeit und Überprüfungsverpflichtung des Gerichts bei unrichtigen Kostennoten selbst bei fehlenden oder nicht fristgerecht erhobenen Kostenrügen.

e) Checkliste für die Kostennote

Bei der Erstellung der Kostennote sollte ua auf die folgenden Punkte geachtet werden:

Für jede Verhandlung:

- ✓ Kostennote vorbereitet?
- ✓ und aktualisiert?
- ✓ mögliche längere Verfahrensdauer in der Kostennote berücksichtigt?
- ✓ dreifache Ausfertigung vorhanden? (bei mehreren klagenden und/oder beklagten Parteien bzw Nebenintervenienten jeweils mehr Ausfertigungen vorbereiten)
- ✓ allfällige Beilagen angeschlossen? (zB bezüglich vorprozessualer Kosten und/oder der Kosten von Vorverfahren wie etwa Beweissicherungsverfahren)

15. Parteiendispositionsgrundsatz

Es gilt dabei der **Parteiendispositionsgrundsatz**: Das Gericht kann nicht mehr (plus) zusprechen, als beantragt wurde. Die zu geringe Kostenverzeichnung geht daher zulasten der Partei bzw ihres Vertreters, kann also nicht mehr vom Gericht korrigiert werden. Eine zu hohe Kostenverzeichnung wäre demgegenüber vom Gericht durch Zuspruch nur der gerechtfertigten Höhe zu korrigieren. Das Gericht ist nämlich nach § 405 ZPO „nicht befugt, einer Partei etwas zuzusprechen, was nicht beantragt ist. Dies gilt insbesondere von Früchten, Zinsen und anderen Nebenforderungen". Zur (rechtzeitigen) Rüge der Kostennote nach dem neu geschaffenen § 54 Abs 1a ZPO s unter B. 3.

16. Sonderproblem – Teileinklagung

- **Teileinklagung = „Probegalopp", Musterprozess**
- **Reduktion des Prozessrisikos, da Kostenbemessung laut RATG nach Maßgabe der konkreten Klagsforderung**
- **Vorsicht jedoch bei Teileinklagung bei zu erwartendem Mitverschuldenseinwand**

Zur Reduzierung des Prozessrisikos empfiehlt sich in manchen Fällen die Durchführung eines entsprechenden **„Probegalopps"**, also einer Teileinklagung. Die Möglichkeit hierzu erschließt sich aus § 55 Abs 3 JN. Nach dieser Bestimmung ist der Gesamtbetrag der noch unberichtigten Kapitalsforderung für die Zuständigkeit maßgebend, wenn nur ein Teil einer Kapitalsforderung begehrt wird. Daraus ergibt sich die Zulässigkeit der bloßen Teileinklagung und also kein Gebot der Gesamtgeltendmachung.

S hierzu *Wit*, Probleme der Teileinklagung und Rechtskraft unter besonderer Berücksichtigung der Unterhaltsansprüche, JBl 1981, 406; *Ertl*, Noch immer nicht Veraltetes zur Teileinklagung von Schmerzengeldansprüchen, RZ 1997, 148; *Gitschthaler* in Fasching[2] § 55 JN Rz 27 ff mwN.

Durch die Vorschrift des § 55 Abs 3 JN wird verhindert, dass durch willkürliche Teileinklagung die sachliche Zuständigkeit vom Gerichtshof zum Bezirksgericht verschoben werden könnte. Sofern die Teileinklagung aber ohnedies wie auch die Gesamtforderung unter oder über der Streitwertgrenze (von derzeit 10.000 Euro) zwischen Gerichtshof und Bezirksgericht liegt, bleibt es bei der Zuständigkeit des Bezirksgerichtes bzw Gerichtshofes. In derartigen Fällen kommt es also auch bei der Teileinklagung hinsichtlich der Zuständigkeit auf den Wert der gesamten Forderung und nicht jenen des eingeklagten Teilbetrages an.

Im Gegensatz hierzu steht die Ermittlung der Bemessungsgrundlage für die Gerichtsgebühren wie auch den **Rechtsanwaltstarif**. Diese orientieren sich nämlich **ausschließlich an konkret eingeklagten Kapitalforderungen**. S hierzu ausdrücklich § 15 Abs 3 GGG für die Gerichtsgebühren bzw **§ 5 Abs 1 RATG** für die Rechtsanwaltskostenberechnung. Die Teileinklagung stellt daher eine zweckmäßige Maßnahme dar, um das **Prozessrisiko zu reduzieren**. Bei Volleinklagung würde nämlich die Ermittlung der Gerichtsgebühren wie auch der Anwaltskosten nach Maßgabe einer viel höheren Bemessungsgrundlage erfolgen als bei bloßer Teileinklagung. Darin liegt der Sinn und Zweck des „Probegalopps".

§ 5 Abs 1 RATG ordnet an: „Wird nur ein Teil einer Kapitalsforderung begehrt, so ist nur der begehrte Teil maßgebend. Wird der Überschuss in Anspruch genommen, der sich aus der Vergleichung der Forderungen ergibt, die beiden Parteien gegeneinander zustehen, so ist der Betrag des begehrten Überschusses maßgebend."

Die Teileinklagung ermöglicht idR – nämlich nach erzieltem Prozesserfolg – die Einklagung des gesamten Restbetrages bzw eines weiteren Teilbetrages zu einem späteren Zeitpunkt. Der Umstand der Teileinklagung stellt für sich allein idR keinen Verzicht auf die Geltendmachung des nicht eingeklagten Rechtsanspruchs dar.

Vorsicht bedarf es dabei jedoch im Fall von Schadenersatzansprüchen mit zu erwartendem **Mitverschuldenseinwand**. Dann muss der Kläger das Mitverschulden ausdrücklich einräumen und bei der Berechnung mitberücksichtigen, andernfalls es zu unerwarteten negativen Konsequenzen führen könnte:

Beispiel:

A klagt B wegen eines behaupteten Schadenersatzes von 10.000 Euro, wobei er jedoch aufgrund eines intendierten „Probegalopps" lediglich 5.000 Euro vorerst geltend macht (sich aber die spätere Ausdehnung bzw Einbringung weiterer Klagen vorbehält). Dabei denkt er, mit dieser Vorgangsweise allenfalls einen Mitverschuldenseinwand der Gegenseite bereits prozesstaktisch miteinbezogen zu haben, räumt aber im Wunsch, „keine schlafenden Hunde zu wecken", das Mitverschulden nicht ausdrücklich ein. Ist dies uU zweckmäßig? Wie wird die Gerichtsentscheidung lauten, wenn tatsächlich ein Mitverschulden des Klägers von 50 % angenommen wird?

Lösung:

Nein, nicht zweckmäßig, da Gerichtsentscheidung: Zuspruch von bloß 2.500 Euro (= 50 % des eingeklagten Betrages von 5.000 Euro) bei wechselseitiger Kostenaufhebung (!); bei ausdrücklicher Einräumung des Mitverschuldens von 50 % wäre es zum Gesamtzuspruch von 5.000 Euro gekommen, damit zusätzlich auch zum Ausspruch des vollen Kostenersatzes!

17. Änderung des Streitgegenstandes

Während des Verfahrens kann es durch **Klagsausdehnung und/oder -einschränkung zur Änderung des Streitgegenstandes** kommen. § 8 RATG sieht die Neufestsetzung der Bemessungsgrundlage vor, wenn diese sich im Laufe eines Prozesses ändert.

Einschränkungen haben auf die Gerichtsgebühren keinen Einfluss, Ausdehnungen jedoch uU sehr wohl, wenn es durch eine Veränderung der Bemessungsgrundlage zu einem Tarifsprung kommt; diesfalls werden die weiteren Gerichtsgebühren vom Kostenbeamten des Gerichtes vorgeschrieben. Hinsichtlich der anwaltlichen Vertretungskosten besteht ein noch genaueres Sensorium. Jede Änderung des Streitgegenstandes führt zu veränderten Ansätzen nach dem RATG, soweit die Tarifbandbreiten wegen bloß geringfügiger Änderungen nach unten oder nach oben nicht zufällig doch gleich bleiben.

Insoweit erweist sich die Erstellung der anwaltlichen Kostennote einer Seite noch recht einfach; zudem ermöglichen Anwaltssoftware-Programme die Mitprotokollierung von Streitwertveränderungen, sodass eine stets aktuelle Kostennote vorliegt. Komplizierter wird dagegen die gerichtliche Kostenentscheidung: Bei zwischenzeitigen Klagseinschränkungen und/oder -ausdehnungen bedarf es der **Prozessphasenbildung** (§ 8 Abs 2 RATG). Dies bedeutet, dass für jeden Teilabschnitt (1. Abschnitt: Klagseinbringung bis 1. Änderung, 2. Abschnitt: 1. Änderung bis 2. Änderung, 3. Abschnitt: 2. bis 3. Änderung usw) eine eigene Kostenberechnung stattfinden muss.

Noch komplizierter wird es, wenn nicht nur zwei, sondern **mehrere Parteien auf Klags- und/oder Beklagtenseite** involviert sind, noch dazu uU mit **unterschiedlichen Streitwerthöhen**, bei zu berücksichtigenden – differierenden – Mitverschuldenseinwänden, Haftungshöchstbeträgen, teilweisen Überklagungen etc. Hier können die gerichtlichen Kostenentscheidungen sowie deren Bekämpfung bzw Überprüfung im Instanzenweg zu einer „ausufernden Denksportaufgabe" („juristisches Sudoku") werden.

§ 12 Abs 3 RATG sieht vor, dass eine Änderung im Wert des Streitgegenstandes infolge einer Änderung einer Klage, infolge einer Einschränkung des Klagebegehrens oder infolge einer teilweisen Erledigung des Streites für die der Wertänderung nachfolgenden Leistungen und, sofern die Änderung durch eine Parteierklärung bewirkt wird, auch schon für den betreffenden Schriftsatz berücksichtigt wird. Wird der Streitwert während einer Tagsatzung geändert, so ist die Änderung bereits für jene Stunde der Tagsatzung, in der die Änderung eintritt, zu berücksichtigen.

Für die Einschränkung auf Kosten ordnet § 12 Abs 4 RATG die folgenden bindenden Bemessungsgrundlagen an:

1. Grenze: „nie mehr als die Hälfte des ursprünglichen (Streit-)Wertes"
2. Im Übrigen:

a)	Gerichtshofverfahren mit Senat	1.450 Euro
b)	Gerichtshof: Einzelrichter	730 Euro
c)	Bezirksgericht	150 Euro

Das Gleiche gilt, wenn das Begehren zwar nicht auf Kosten, aber unter die genannten Beträge (Bagatell-Einschränkungen) eingeschränkt wird.

B. ZPO und JN: Streitwertbemessung

Bemessung: Wert des Streitgegenstandes – Interesse des Mandanten – vorgegebene Streitwerte (im GGG für Gerichtsgebühren, im RATG und den AHK für Anwaltskosten)

1. Regeln der Bemessung

Sämtliche Tarife (des Honorar- wie auch des Steuerrechtes) benötigen einen **Anknüpfungspunkt**, also eine Bemessungsgrundlage. Während im Architektur- und Bauwesen oftmals das finanzielle Verbauungsvolumen als Kriterium herangezogen wird, geht es beim anwaltlichen Kostensrecht um das **„Interesse des Mandanten"**. Sowohl die JN (in erster Linie für die Ermittlung der Gerichtszuständigkeit) wie auch das GGG (für die Festsetzung der Gerichtsgebühren) und das RATG enthalten Regeln über die Streitwertbemessung.

Der Streitwert wird zuweilen auch als das „Punctum" bezeichnet. Im Rechtsmittelverfahren wird nicht mehr vom Streitwert, sondern vom „Entscheidungsgegenstand" gesprochen, dies im Hinblick auf die möglicherweise bereits eingetretene Teilrechtskraft, sodass nicht mehr der gesamte ursprüngliche Streitgegenstand zur Debatte steht, sondern nur ein Teil desselben.

Die Regelung der Bemessungsgrundlage findet sich in §§ 3, 13 **RATG**, §§ 54 bis 59 **JN** sowie § 5 **AHK**. Danach gilt:

Der für die Anwendung eines bestimmten Tarifsatzes maßgebende Betrag (Bemessungsgrundlage) bemisst sich im Zivilprozess nach dem **Wert des Streitgegenstandes**, im Exekutions(Sicherungs-)Verfahren nach dem Wert des Anspruches (§ 13), im Insolvenzverfahren für einen Gläubiger nach der Höhe der angemeldeten Forderung samt Nebengebühren, im außerstreitigen Verfahren nach dem Wert des Verfahrensgegenstandes, § 4 RATG verweist hinsichtlich der Bemessungsgrundlage auf §§ 54 bis 59 JN.

Ansprüche in ausländischer Währung werden gem § 6 RATG nach dem Kurs im Zeitpunkt der Entscheidung oder des Vergleiches über die Verpflichtung zum Kostenersatz bewertet. Ansprüche auf Leistung von **Unterhalts- oder Versorgungsbeträgen** und auf Zahlung von **Renten** im Falle von Körperbeschädigungen oder der Tötung eines Menschen sind mit dem Dreifachen der Jahresleistung zu bewerten (§ 9 RATG). Wird der Anspruch für eine kürzere Zeit als für drei Jahre geltend gemacht, so dient der Gesamtbetrag der für diese Zeit beanspruchten Leistungen als Bemessungsgrundlage. Wird eine Erhöhung oder Verminderung gefordert, wird die dreifache Jahresleistung der geforderten Erhöhung oder Verminderung als Bemessungsgrundlage zugrunde gelegt. Eine Ausnahme besteht nach § 9 Abs 3 RATG für Ansprüche auf Leistung von Ehegattenunterhalt oder Kindesunterhalt, welche nicht mit dem Drei-, sondern dem Einfachen der Jahresleistung bewertet werden.

Umfassende – bindende! (arg „Der Gegenstand ist zu bewerten") – **Bewertungsregeln** enthält § 10 RATG (Exzerpt):

1. **Besitzstörungsverfahren** — **580 Euro**
2. Bestand- und Räumungsverfahren
   a) **Geschäftsräume**, Wohnungen über 90 m2: **Jahresbruttomietzins**, — mind 2.000 Euro,
   b) andere Wohnungen über 60 m^2: — 1.500 Euro,
   c) bei kleineren Wohnungen: — 1.000 Euro;
3. Verfahren außer Streitsachen
4. Ehe- und Abstammungssachen
5. Handels- und Genossenschaftsregister
6. Klagen nach § 1330 ABGB, soweit der Gegenstand nicht aus einem Geldbetrag besteht,
   a) wenn die Behauptung in einem Medium (§ 1 Z 1 Mediengesetz) verbreitet wurde, höchstens mit 19.620 Euro,
   b) ansonsten höchstens mit 8.720 Euro;

Bei Verfahren über **Anträge auf Kostenbestimmung** dient der Kostenbetrag als Bemessungsgrundlage, dessen Zuspruch beantragt wird. Als Bemessungsgrundlage im **Kostenrekursverfahren** fungiert der Betrag, dessen Zuspruch oder Aberkennung im Kostenrekurs beantragt wird. Übersteigt in diesen Fällen der begehrte Betrag nicht 100 Euro, so besteht nur ein Anspruch auf Ersatz der Barauslagen im Verhältnis des Obsiegens.

Bei Geltendmachung **mehrerer Ansprüche in derselben Klage** werden die Werte der Streitgegenstände zusammengerechnet. Dasselbe gilt für die Dauer der Verbindung mehrerer Rechtsstreite und für die Verbindung von Klage und Widerklage zur gemeinsamen Verhandlung. Wird über mehrere in derselben Klage erhobene Ansprüche getrennt verhandelt, so ist während der Dauer der Trennung für jede der getrennten Verhandlungen der entsprechende Teilwert maßgebend.

Zweifelsregeln für die Streitwertbemessung enthält **§ 14 RATG**, und zwar:

- Gerichtshofverfahren mit Senat .... 21.800 Euro,
- Gerichtshof: Einzelrichter .... 7.270 Euro,
- Bezirksgericht .... 730 Euro.

Darüber hinaus befinden sich in **§ 5 AHK** umfangreiche **Streitwertbemessungsregeln:**

Abgabensachen (Steuern, Gebühren und Beiträge; bei Streitigkeiten der strittige Betrag, bei Abgabenerklärungen der sich auf ihrer Grundlage ergebende Abgabenbetrag), Adoption (Wert des Vermögens des an Kindes Statt Annehmenden), Agrarsachen (bei wiederkehrenden Leistungen der dreifache Jahresbetrag oder der Verkehrswert des betreffenden Rechtes), **Bausachen** (a) geringfügige 5.800 Euro, b) mittlere 21.800 Euro, c) Großprojekte 181.000 Euro), Bergrechtssachen (36.000 Euro), **Bestandsachen** (Achtung! Abweichung vom RATG, dort Einjahres-MZ, nach AHK jedoch der dreifache Jahresbestandzins), in Verfahren gemäß § 18 MRG (dreifacher Jahresbetrag der Mietzinserhöhung), Dienstbarkeits- und Reallastsachen (bei wiederkehrenden Leistungen der dreifache Jahresbetrag oder der Verkehrswert des betreffenden Rechtes), **Dienstrechtssachen** (ausgenommen Disziplinarsachen; drei Jahresbruttobezüge), Elektrizitätssachen (10.900 Euro), Enteignungssachen (Entschädigungsbetrag), Fischereisachen (dreifacher Jahrespachtzins), Forstrechtssachen (nicht Umweltschutzsachen, a) für Besitz bäuerlichen Umfanges 10.900 Euro, b) für Großwaldbesitz 109.000 Euro), Gewerbesachen (nicht Umweltschutzsachen im Betriebsanlagenrecht; a) für Kleinbetriebe 10.900 Euro, b) für mittlere Betriebe 36.000 Euro, c) für größere Betriebe 72.000 Euro, d) für Großbetriebe 181.000 Euro), **Gewerblicher Rechtsschutz, Angelegenheiten des gewerblichen Rechtsschutzes und Immaterialgüterrechtes 36.000 Euro, Kraftfahrsachen** (a) in Angelegenheiten wegen Entziehung des Führerscheines 8.720 Euro, b) sonst 4.360 Euro), Letztwillige Verfügungen (Wert des Vermögens, über das verfügt wird), Sachwaltersachen (der Wert des betroffenen Vermögens), Umweltschutzsachen im Betriebsanlagenrecht, Dampfkesselemissions- und Luftreinhalterecht, Forst- und Wasserrecht sowie Entsorgungsrecht im Zusammenhang mit Großanlagen (36.000 Euro), Urheber- und Verlagsrechtssachen (36.000 Euro), Vereinssachen (Wert des Vermögens), sonstige Zivil- und Verwaltungssachen (a) sehr einfacher Natur und von geringer Bedeutung 2.180 Euro, b) im Allgemeinen 8.720 Euro, c) bei weittragender Bedeutung 21.800 Euro), **UVS-Verfahren** wegen der Ausübung unmittelbarer verwaltungsbehördlicher Befehls- und Zwangsgewalt, einschließlich Beschwerden nach dem Fremdenpolizeigesetz (21.800 Euro).

2. Streitwertbemängelung nach § 7 RATG

§ 7 RATG: Bemängelung durch Beklagten, nach unten oder oben, zum frühestmöglichen Zeitpunkt, sodann Festsetzung durch Richter

Die Streitwertbemängelung nach § 7 RATG stellt einen Rechtsbehelf des Beklagten dar, der sich dadurch gegen die Bewertung des Streitgegenstandes durch den Kläger aussprechen kann (muss). Gerügt kann sowohl eine zu hohe wie auch eine zu niedrige Bemessung(sgrundlage) werden. Dem **Zeitfaktor** kommt dabei Bedeutung zu: Die Bemängelung muss **spätestens bei der ersten zur mündlichen Streitverhandlung** bestimmten Tagsatzung erfolgen.

Bei Bestehen eines nicht unwesentlichen **Prozess-(Kosten-)Risikos** kann es sich empfehlen, von der Streitwertbemängelung Abstand zu nehmen bzw diese nicht bis zum höchstmöglichen Ausmaß durchzuführen, sondern in geringerem Ausmaß. Derartige Umstände sollten **mit der Mandantschaft im Vorhinein abgeklärt** werden. Dadurch kann der RA auch eine gegenüber dem eigenen Klienten legitim vereinbarte höhere – nämlich nach dem Tarif mögliche – Bemessungsgrundlage diesem gegenüber geltend machen; es geht dabei bei Prozessverlust um die gesamten Vertretungskosten, bei Prozessgewinn um die Differenz zwischen den möglichen (bei rechtzeitiger Bemängelung) Gesamtkosten und jenen (wegen **taktisch unterbliebener oder nicht voll ausgeschöpfter Streitwertbemängelung**), welche vom Gericht rk zugesprochen worden sind.

Mangels Parteieneinigung entscheidet sodann das Gericht unanfechtbar (§ 7 aE RATG lautet: „Dieser Beschluss kann durch ein Rechtsmittel nicht angefochten werden.") mit Beschluss, wobei die Entscheidung allenfalls auch später – spätestens aber im Urteil – erfolgen kann. Wie überhaupt in Kostenfragen sieht der Gesetzgeber eine genaue Ermittlung, aber nach Möglichkeit ohne Zeitverlust und zu weitgehende Erhebungsschritte („ohne weitere Erhebungen und ohne die Erledigung wesentlich zu verzögern oder Kosten zu verursachen") vor. Die Festsetzung hat im Rahmen der Parteienanträge (ursprüngliche Bewertung durch den Kläger, Rüge durch den Beklagten auf einen bestimmten Betrag „nach oben oder unten") zu erfolgen.

Beispiel:

RA Dr. Peter Pluto hat in der Klage auf Feststellung des Fortbestandes des Dienstverhältnisses des Klägers Edgar Wappel (auch umfassend ein Leistungs- und Prozesskostenersatzbegehren) als VB zur Gemeinde Wien den Streitwert mit 15.000 Euro sA angeführt. Die von RA Dr. Sampel vertretene beklagte Partei rügt die Streitwertbemessung nach § 7 RATG und beantragt die Festsetzung mit 80.000 Euro. Der 3-Jahres-Bruttobezug würde diese Summe ergeben oder sogar noch überschreiten. Die Ermittlungen der vorsitzenden Richterin des ASG (durch Befragung des im Saal anwesenden VB nach seinem Monatsbezug) ergibt, dass der 3-Jahres-Bruttobezug 105.000 Euro ergeben würde. Wie hat sodann die Streitwertfestsetzung zu erfolgen? Wieso (nicht) sollte eine Bemängelung nach § 7 RATG erfolgen?

Lösung:

Die Streitwertfestsetzung hat im Rahmen der Parteienanträge (ursprüngliche Bewertung durch den Kläger mit 15.000 Euro, Rüge durch die Beklagte auf 80.000 Euro) zu erfolgen. Eine Festsetzung auf 105.000 Euro wäre nicht zulässig, außer von Beklagtenseite (auch) beantragt, wenngleich nicht anfechtbar. Die Bemängelung nach § 7 RATG erfolgt aus prozesstaktischen Gründen. Glaubt die Beklagtenseite eher an den eigenen Prozesserfolg, wird sie die Streitwertrüge bei zu niedrigem Streitwert vornehmen (lassen), andernfalls aus Vorsicht sich nicht dagegen aussprechen. Die diesbezügliche Erörterung mit dem Mandanten wird idR angezeigt erscheinen.

3. Rechtzeitige Rüge der Kostennote

- **§ 54 Abs 1a ZPO:**
- „Das am Schluss der mündlichen Streitverhandlung erster Instanz (§ 193) dem Gericht zu übergebende Kostenverzeichnis ist gleichzeitig auch dem Gegner auszuhändigen. Dieser kann dazu binnen einer Notfrist von 14 Tagen Stellung nehmen. Auf diese Frist hat die verhandlungsfreie Zeit keinen Einfluss. Soweit der Gegner gegen die verzeichneten Kosten keine begründeten Einwendungen erhebt, hat das Gericht diese seiner Entscheidung zu Grunde zu legen."

Mit dem Budget-BegleitG 2009 (BGBl I 2009/52; s dazu *Fucik*, ÖJZ 2009, 481, und *Salficky*, Gedanken zu § 54 Abs 1 a ZPO, AnwBl 2009, 479) schuf der Gesetzgeber eine bedeutende Änderung der Rechtslage: Nunmehr bedarf es gem § 54 Abs 1a ZPO der rechtzeitigen (Notfrist von 14 Tagen) Rüge der Kostennote der Gegenseite. Andernfalls darf bzw kann das Gericht von der Richtigkeit der verzeichneten Kosten ausgehen.

§ 54 Abs 1a ZPO bedeutet aber nicht, dass das Gericht nicht dazu berechtigt wäre, offensichtliche Fehler im Kostenverzeichnis der obsiegenden Partei doch noch einer Korrektur zu unterziehen, auch wenn diesbezüglich keine Einwendungen der Gegenseite erfolgt sind, entweder da die Einwendungen zum Kostenverzeichnis gänzlich unterblieben sind oder aber sich auf andere Punkte bezogen haben. So ausdrücklich das OLG Linz 16. 11. 2009, 4 R 205/09h = AnwBl 2010/8226 zur Korrektur einer unrichtig zugrunde gelegten höheren Bemessungsgrundlage mit zust Anm *Salficky*. Die Entscheidung überzeugt vollinhaltlich. Sie argumentiert zutreffend mit verschiedenen Vergleichsfällen: Es besteht keine Bindung der Gerichte an offenkundig unrichtige Geständnisse (§§ 266 f ZPO; *Rechberger* in Fasching[2] §§ 266 f ZPO Rz 7). Auch in der EO (§ 56) sowie im Außerstreitverfahren (§ 17 AußerstreitG) gibt es Fälle, in welchen trotz Säumigkeit einer Seite dennoch inhaltliche Erhebungen angestellt werden müssen, um nicht eine offenkundig unrichtige Entscheidung zu riskieren. Kritisch idS bereits *Mayr*, Die zivilverfahrensrechtlichen Neuerungen des Budgetbegleitgesetzes 2009, http://www.uibk.ac.at/zivilverfahren/aktuelles/budgetbegleitg_uebersicht.pdf, 5 ff. Nicht umsonst ordnet § 21 Abs 1 RATG an, dass die richterliche Befugnis, die Notwendigkeit und Zweckmäßigkeit der einzelnen Leistungen zu prüfen, durch den RAT unberührt bleibt. – S dazu instruktiv *Thiele*, Einwendungen gegen die Kostennote: Nach dem Spiel ist vor dem Spiel, ZAK 2012, 9: Der Gesetzgeber (des BudgetbegleitG 2011) hatte zusätzlich angeordnet, dass die Gerichte bei unterbliebenen Einwendungen die Kostennoten „ungeprüft" zugrunde zu legen hätten, der VfGH hob in der Folge aber das Wort „ungeprüft" wieder auf (G 84/11).

§ 54 Abs 1a ZPO kommt im Berufungsverfahren (selbst) nicht zur Anwendung. S LG Linz 8. 10. 2009, 35 R 17/09m = AnwBl 2010/8225 mit zust Anm *Salficky*.

Hinsichtlich der Honorierung gab es ursprünglich eine divergente Rsp der OLGe (s OLG Linz 16. 11. 2009, 4 R 205/09h = AnwBl 2010/8226; OLG Wien 13. 11. 2009, 30 R 46/09v = AnwBl 2010/8236; OLG Graz 12. 1. 2010, 2 R 184/09k); schlussendlich hat sich der Standpunkt durchgesetzt, wonach **keine gesonderte Honorierung** gebührt, da die Annahme eines Zwischenstreites und eine weitere Kostenentscheidung entgegen der Intention des Gesetzgebers nicht zu einer Vereinfachung der Kostenentscheidung bzw einer Entlastung der Gerichte führen würden. Der Gesetzgeber hat den Kostenersatz für die Einwendungen nunmehr in § 54 Abs 1a aE ZPO ausdrücklich ausgeschlossen.

C. Die einzelnen TPs des RATG

1. Überblick

Der RAT umfasst die Tarifposten („TPs") 1 bis 9. Faustregel für die **Tarifierung der Schriftsätze** bietet der Raster:

Kurze, einfache Anträge, Bekanntgaben, Beweisanträge, Ersuchen um Fristerstreckung	TP 1
Einfache (Mahn-)Klagen, umfangreiche Schriftsätze	TP 2
„Schwierige" (Umfang, darzustellender Sachverhalt sowie bezogene Rechtsgründe) Klagen, sehr umfangreiche Schriftsätze	TP 3A

Die Abgrenzung, insbesondere hinsichtlich der TP 2 und TP 3, bereitet in der Praxis zuweilen nicht unerhebliche Schwierigkeiten. Eindeutig(er) erweist sich dagegen die Handhabung hinsichtlich der Rechtsmittel:

Kostenrekurs	TP 3A
Berufung, Berufungsbeantwortung, (sonstiger) Rekurs, Rekursbeantwortung	TP 3B
Revision, Revisionsbeantwortung, (ordentl und ao) Revisionsrekurs, (ordentl und ao) Revisionsrekursbeantwortung, Rekurs an OGH und Rekursbeantwortung an OGH	TP 3C

Im folgenden Schaubild wird das Beispiel einer Kostennote geboten; es ist dem Werk *Ziehensack*, Schriftsätze für Rechtsanwälte, Bd 1: Streitiges Gerichtsverfahren – ZPO 18 – Kostennote, entnommen.

	Rechtsanwalt *Dr. Friedrich Sampel* **Kostenverzeichnis** der klagenden Partei		
		BG	Leopoldstadt 4 C 145/15k
in der	Rechtssache:		
Klagende Partei:	Fußballklub „SV Vienna Hot Shots"		
Beklagte Partei:	Gemeinde Wien		

wegen:	€ 72.669,00 sA		
	(Eigenzuständigkeit BG, Bestandsache)		
	eingeschränkt per 19. 4. 15 auf € 19.564,56 sA		
Zeit	Gegenstand	Verdienst	BA
11. 3. 15	SS TP 3A	€ 762,10	
	+ 50% ES	€ 381,05	
19. 4. 15	mStV TP 3A 2/2	€ 439,80	
	+ 50% ES	€ 219,90	
	Fahrt		4,40
16. 9. 15	mStV TP 3A 4/2	€ 659,70	
	+ 50% ES	€ 329,85	
	Fahrt		4,40
	weitere ½ Std	€ 329,85	
	+ 50% ES	€ 164,93	
	Zwischensumme:	€ 3.287,18	
	+ 20% USt	€ 657,44	
	zuzüglich Barauslagen		€ 8,80
Gesamt	sohin:	€ 3.953,42	€ 8,80
	ohne weitere 1/2 Std	€ 2.792,40	
	+ 20% USt	€ 558,48	
	Barauslagen	€ 8,80	
	Gesamt:	€ 3.359,68	

2. Grundsätze

Eine Besonderheit des RAT stellen die **Anmerkungen zu den Tarifposten** dar, welchen – trotz ihrer unvermuteten Position – nicht unbeträchtliche Bedeutung zukommt. Im Zweifelsfall empfiehlt sich das Studium der Anmerkungen zu den TPs, welche zuweilen wertvolle Informationen zur Problemlösung enthalten können.

Die **Berechnung** des Anwaltsverdienstes bei **Verhandlungen** erfolgt nach Maßgabe der Dauer. Für die erste Stunde jeder Tagsatzung gebührt die festgesetzte Entlohnung, für jede weitere, wenn auch nur begonnene Stunde die Hälfte dieser Entlohnung. Wenngleich üblicherweise die Länge von Tagsatzungen in halben Stunden protokolliert wird, kommt es nach dem RATG nur auf die Anzahl der angefangenen vollen Stunden an, also 1/2 und 2/2 führen zur gleichen Verdiensthöhe, ebenso wie 3/2 und 4/2 etc.

Die Gerichtsverhandlungen stellen den eigentlichen **Wertfaktor** für anwaltliches Verdienst in finanzieller Hinsicht dar. Aus der Perspektive des beruflichen Parteienvertreters handelt es sich um den wichtigen Bereich, in welchem Prozesse gewonnen oder verloren werden, welche die „Cashcow" an anwaltlichem Verdienst bilden, aus dem Blickwinkel des Mandanten aber bei Prozessverlust einen besonders empfindlichen Kostenfaktor bedeuten.
Anders als die Gerichtsgebühren kennt das RATG **Höchstgrenzen**. Ab gewissen Höchstbeträgen des Streitwertes ändert sich die Verdienstsumme nicht mehr. Wegen der fehlenden Höchstgrenzen der Gerichtsgebühren, der idR gegebenen rascheren Entscheidungsfällung und der weiter gehenden internationalen Vollstreckungsfähigkeit entscheiden sich manche international tätige Unternehmen zur Anrufung von Schiedsgerichten; für die staatliche Gerichtsbarkeit spricht dagegen die hohe Qualität der Entscheidungsbegründung (zumal unter der bewährten Einrichtung des Instanzenzuges unter der Leitfunktion des OGH).
Die Anmerkungen zu TP 2 und TP 3 enthalten **(geringe!) Verdienstansätze für die Zeit des Zuwartens** zur Verhandlung. Die erste halbe Stunde Wartezeit (bis zur Vornahme der Amtshandlung, also dem Aufruf zur mStv)

wird dem RA kostenfrei abverlangt. Danach gebührt bei TP2-Verhandlungen für jede weitere, wenn auch nur begonnene halbe Stunde ein Viertel der Entlohnung nach TP 2, jedoch nie mehr als 6,70 Euro für die halbe Stunde. Ist der RA zu einer in TP 2 genannten Tagsatzung erschienen, von deren Abberaumung er nicht rechtzeitig verständigt oder die mangels Zustellausweises nicht abgehalten worden ist, so gebührt die Hälfte der Entlohnung nach TP 2, jedoch nie mehr als 13,30 Euro. Anm 2 zu TP 3 enthält wie auch TP 2 eine (geringe) Verdienstregel für die Zeit des Zuwartens zu einer in TP 3 genannten Tagsatzung. Nach einer halben Stunde Wartezeit gebührt für jede weitere halbe Stunde ein Viertel der Entlohnung nach TP 2, jedoch nie mehr als 13,30 Euro für die halbe Stunde; die Zeit der Beratung des Gerichtshofes wird ebenfalls in die Wartezeit eingerechnet, hindert also nicht das Entstehen des (geringen) Wartegebühranspruches. Ist der RA zu einer in TP 3 genannten Tagsatzung erschienen, von deren Abberaumung er nicht rechtzeitig verständigt oder die mangels Zustellausweises nicht abgehalten worden ist, so gebührt die Hälfte der Entlohnung nach TP 2, jedoch nie mehr als 26 Euro.

3. TP 1

Die Tarifpost 1 betrifft **kurze Schriftsätze** (sofern nicht mit einem TP 3A-vorbereitenden Schriftsatz verbunden), nämlich:

- bloße Anzeigen, **Urkundenvorlagen** und Mitteilungen an das Gericht, Ansuchen um Auskunftserteilung, Bestätigungen, Zeugnissen, Abschriften oder Ausfertigungen, um Akteneinsicht oder um Rückstellung von Beilagen; Ansuchen und Erklärungen, die Fristen, Tagsatzungen, Zustellungen und ähnliche Vorgänge des Verfahrens betreffen (also auch **Vertagungsbitten und Fristerstreckungsanträge**); **Kostenbestimmungsanträge**; Widerruf oder Kündigung von Vollmachten; Zurücknahme von Klagen, Anträgen oder Rechtsmitteln, Verzichtserklärungen; Nachweis des Einvernehmens und Mitteilung dessen Widerrufs nach § 5 Abs 2 EuRAG;
- Anträge auf Kuratorbestellung; **Beitrittserklärungen** des Nebenintervenienten; Anträge auf Änderung der Bemessungsgrundlage nach §§ 7 und 8 RATG und Äußerungen hiezu; Einsprüche gegen den Zahlungsbefehl, die sich bloß auf die Erhebung des Einspruchs beschränken; Anträge auf Aufnahme eines ruhenden oder unterbrochenen Verfahrens, Berichtigungsanträge; schriftliche Berufungsanmeldungen;
- Anträge auf Vollzug der Exekution auf bewegliche körperliche Sachen nach § 14 Abs 2 EO; Anträge auf neuerlichen Exekutionsvollzug oder auf Anberaumung einer neuerlichen Versteigerung; **Einsprüche** nach § 54c EO und **Titelvorlagen** nach § 54d EO; Einstellungsanträge und Einschränkungsanträge; Forderungs-anmeldungen;
- **Konkurseröffnungsanträge und Forderungsanmeldungen**, sofern sie nicht unter TP 3A fallen:

Nach der **Anmerkung zu TP 1** werden in Exekutionsverfahren auf bewegliche körperliche Sachen und auf Geldforderungen mit der Entlohnung des Exekutionsantrags auch alle innerhalb von zehn Monaten nach Bewilligung der Exekution eingebrachten, unter TP 1 fallenden Schriftsätze des betreibenden Gläubigers abgegolten. Dafür steht für den Exekutionsantrag auch der doppelte ES zu. Für den betreibenden Gläubiger bzw seinen Vertreter wird es dadurch finanziell unattraktiv, in kurzer Abfolge Neuvollzugsanträge gegen den Verpflichteten einzubringen.

4. TP 2

Die Tarifpost 2 des RATG umfasst ua

- **einfache bzw routinemäßige Mahn- und sonstige Klagen** (Saldo- und Darlehens- sowie Klagen auf Zahlung des Kaufpreises beweglicher Sachen oder des Entgeltes für Arbeiten und Dienste, Klagen auf Zahlung von Versicherungsprämien oder Beiträge zu Körperschaften, Klagen auf Bezahlung des Bestandzinses, Mandatsklagen, Wechselmandatsklagen und scheckrechtliche Rückgriffsklagen), **sofern eine kurze Darstellung des Sachverhaltes möglich ist**;

- **Klagebeantwortungen** zu den angeführten Klagen, Widersprüche gegen Versäumungsurteile, **Einsprüche** gegen Zahlungsbefehle und Einwendungen gegen Zahlungsaufträge, soweit diese Schriftsätze nicht unter TP 1 fallen und sich auf die bloße Bestreitung der Angaben in der Klage und auf den Antrag auf Abweisung der Klage oder auf Aufhebung des Zahlungsauftrages beschränken.
- Aufkündigungen und Anträge nach § 567 ZPO sowie Einwendungen dagegen, wenn sich diese Schriftsätze auf die Anführung oder Bestreitung der Kündigungsgründe beschränken und **keine Sachverhaltsdarstellung enthalten**;
- **sonstige Schriftsätze, die nicht in TP 1 oder 3 genannt sind** (subsidiäre Auffangklausel zugunsten der TP 2!);
- kurze Eingaben um Eintragungen im Grundbuch oder in öffentlichen Registern; Anträge auf Einleitung des Verfahrens zur Kraftloserklärung von Urkunden; Erlagsgesuche und Ausfolgungsanträge sowie
- **Tagsatzungen**: Tagsatzungen, die erstreckt werden, ehe es zu einer Verhandlung gekommen ist; Tagsatzungen, die, ehe es zur Erörterung des Sachverhaltes gekommen ist, zu einem Versäumungs-, Anerkenntnis- oder Verzichtsurteil oder zum Abschluss eines Vergleichs führen; Tagsatzungen, die bloß zum Zweck eines Vergleichsabschlusses angeordnet worden sind; Tagsatzungen vor dem ersuchten oder beauftragten Richter, bei denen die Durchführung der Beweisaufnahme wegen Nichterscheinens der zu vernehmenden Personen unterblieben ist.

5. TP 3A, 3B und 3C

a) TP 3A betrifft längere und kompliziertere Schriftsätze wie:

- **Klagen, soweit sie nicht bereits unter TP 2 fallen, samt korrespondierenden Klagebeantwortungen, Einsprüchen**, Widersprüchen gegen Versäumungsurteile;
- Aufkündigungen und Anträge nach § 567 ZPO sowie Einwendungen dagegen, soweit sie nicht unter Tarifpost 2 fallen; **vorbereitende Schriftsätze**, die nach § 257 Abs 3 ZPO zulässig sind oder vom Gericht aufgetragen werden; **Beweissicherungsanträge**;
- Anträge auf Vollstreckbarerklärung von Akten und Urkunden, die im Ausland errichtet worden sind, wenn sie mit einem Exekutionsantrag verbunden sind, und Widersprüche gegen die Vollstreckbarerklärung;
- Anträge auf Eröffnung eines Ausgleichsverfahrens; Schriftsätze, in denen ein Absonderungs- oder ein Aussonderungsrecht geltend gemacht wird;
- **Anträge auf Erlassung einstweiliger Verfügungen**, Äußerungen des Gegners der gefährdeten Partei zu solchen Anträgen und Widersprüche gegen die bewilligte einstweilige Verfügung;
- **Kostenrekurse und Kostenrekursbeantwortungen**.

Ferner geht es bei TP 3A um Verhandlungen (wiederum komplexer als jene nach TP 2):

- **Alle Tagsatzungen, soweit sie nicht unter Tarifpost 2 fallen (Auffangklausel)**; die Grundregel lautet, dass Verhandlungen unter TP 3A fallen.
- Es handelt sich dabei insbesondere um Tagsatzungen mit Beweisaufnahmen, an welchen mehrere nicht durch denselben RA vertretene Parteien oder Beteiligte teilnehmen und bei denen über widerstreitende Anträge verhandelt wird (sog „**kontradiktorische Verhandlungen**").
- Teilnahme an der Befundaufnahme durch Sachverständige, sofern die Beiziehung der Parteienvertreter über ausdrücklichen Auftrag des Gerichts erfolgt.

b) TP 3B stellt den Ansatz für Berufungen, Berufungsbeantwortungen, Rekurse und Rekursbeantwortungen dar.

Ferner gilt diese TP auch für den – seltenen – Fall der mündlichen kontradiktorischen Verhandlung (mit Beweisaufnahme) über eine Berufung oder einen Rekurs. Sofern es überhaupt zur mündlichen Berufungsverhandlung kommt, wird diese – wenn es wie gewöhnlich nur um die wechselseitigen Parteienvorträge (bzw Plädoyers ihrer Vertreter) geht – mit dem drei- bzw (bei auswärtigen Berufungsverhandlungen) dem vierfachen ES abgegolten.

c) TP 3C betrifft Rechtsmittel und RM-Beantwortungen an den OGH, also: Revisionen, Revisionsbeantwortungen, Revisionsrekurse, Revisionsrekursbeantwortungen sowie Rekurse und Rekursbeantwortungen. Weiters fallen mündliche Verhandlungen über Revisionen oder Revisionsrekurse unter diese TP.

Bei Verbindung der Anregung auf Einholung einer Vorabentscheidung durch den EuGH mit einem Rechtsmittelschriftsatz gebührt nach Anm 5 zu TP 3, wenn die Anregung eingehend rechtlich begründet ist, eine Erhöhung um 50 % der auf den Schriftsatz entfallenden Entlohnung. Mit dem zweifachen Ansatz TP 3C werden mündliche Verhandlungen in Vorabentscheidungsverfahren vor dem Gerichtshof der Europäischen Gemeinschaften selbst tarifiert.

Nach den Anm 1 zu TP 3 umfassen die in TP 3C genannten Beträge auch die Entlohnung für an das Berufungs- oder Rekursgericht gestellte Anträge auf Abänderung des Ausspruchs über die Zulässigkeit des Rechtsmittels.

Bei Verbindung des Antrages auf Erlassung einstweiliger Verfügungen mit der Klage, mit einem verfahrenseinleitenden Antrag oder mit einem Exekutionsantrag gebührt bei Anträgen auf Bewilligung des abgesonderten Wohnortes in Ehesachen eine Erhöhung um 10 %, bei anderen Anträgen um 25 % der auf den Schriftsatz entfallenden Entlohnung (Anm 4 zu TP 3). Die **Verbindungsgebühr** bedarf ob ihrer Praxisrelevanz der Hervorhebung, ebenso als beliebte RA-Prüfungsfrage.

§ 8 AHK knüpft an TP 3A, 3B und 3C für verschiedene anwaltliche Leistungen an:

Vertretung vor übernationalen Tribunalen und Entscheidungsträgern, dem VfGH oder VwGH: Beschwerden, Gegenschriften und die Verrichtung von mündlichen Verhandlungen:	2x TP 3C
Vertretung:	
Rechtsgutachten:	Bandbreite: TP 3A bis 2x TP 3C
Verhandlungen kontradiktorischen Charakters:	TP 3A
Aufforderungsschreiben, welches inhaltlich einem Schriftsatz nach TP 3A RATG entspricht, insbesondere das Aufforderungsschreiben in Amtshaftungs- und Versicherungsschadensachen:	TP 3A
Enteignungssachen:	TP 3A
Verfassung von Urkunden, Verträgen und sonstigen Erklärungen jeder Art einschließlich letztwilliger Verfügungen:	NotariatstarifG, Bemessungsgrundlage nach AHK
Begutachtung fremder Verträge:	Bandbreite: TP 3A bis TP 3C

6. TP 4 – Privatanklage, Anträge nach MedienG und Privatbeteiligung

TP 4 betrifft strafgerichtliche Verfahren über eine Privatanklage sowie über Anträge nach dem Mediengesetz, weiters die Vertretung von Privatbeteiligten. S dazu näher im Abschnitt IV. D. Strafprozess.

7. TP 5 und 6 – Briefe

Bei den Tarifposten 5 und 6 geht es um **kurze (TP 5) sowie lange (TP 6) Briefe**. Der Adressat macht dabei keinen Unterschied. Auch Briefe an den Klienten lösen grundsätzlich anwaltlichen Verdienst aus. Dabei gilt es freilich zu bedenken, dass es sich um geradezu typische ES-Leistungen handelt. Sie werden daher mit dem ES abgegolten, sofern es nicht zu einer vereinbarten Einzelleistungsverrechnung kommt.

Anwaltssoftware-Programme ermöglichen in diesem Zusammenhang interessanterweise den Vergleich der Berechnungsmethoden. Der RA erhält dadurch den Überblick über die (idR unterschiedlichen) Verdiensthöhen der beiden Variante. WinCaus (wohl aber auch andere Anwaltssoftware) sieht zudem die noch nähere Protokollierung der einzelnen Bearbeitungsschritte vor, also Eingabe, an wen der TP5- bzw TP6-Brief abgefertigt wurde, also BR(ief) an Klienten, an Gegner, an Beteiligten, Zeitaufwand, mit oder ohne Informationszuschlag (s dazu sogleich) bzw Fax oder E-Mail an die Genannten.

TP 5 steht als Ansatz für die Verfassung und Abfertigung von **einfachen Schreiben** (Mahnschreiben, kurze Berichte und andere kurze Mitteilungen, Einladungen, Empfangsbestätigungen) zur Verfügung, **TP 6** für die Verfassung und Abfertigung von **Briefen anderer Art**, mit Ausnahme solcher, die sich als Rechtsgutachten oder Vertragsurkunden darstellen.

TP 5 und 6 stehen zueinander in enger Beziehung. Bei beiden geht es um Schreiben/Briefe, TP 6 umfasst das Doppelte der in TP 5 festgesetzten Entlohnung.
Zudem sieht die Anm zu TP 5 und 6 den sog **„Informationszuschlag"** vor: „Als Entlohnung für die Information aus den Akten oder mit der Partei gebührt überdies die Hälfte der Entlohnung nach diesen Tarifposten."
Das folgende Schaubild zeigt die Zusammenhänge zwischen TP 5 und 6:

TP 5 – kurze Schreiben	TP 6 – längere Schreiben
	= 2*TP 5
+ 50 % Informationszuschlag	
Durch ES abgedeckt, daher idR nicht gesondert zu verrechnen.	

Sehr kurze Mitteilungen im Fernsprechwege, mit Ausschluss von Rechtsbelehrungen, werden zudem nur nach TP 5 (und nicht TP 8) entlohnt (Anm zu TP 8).

8. TP 7 – Kommissionen

In Tarifpost 7 fasste der Gesetzgeber **Verdienst für Kommission(en)** zusammen. Es geht dabei um „die **Vornahme von Geschäften außerhalb der Rechtsanwaltskanzlei**" wie bspw Erhebungen bei Gericht oder einer anderen Behörden.

Sofern diese von einem (RA-)Gehilfen besorgt werden können (einerlei, ob sie nun tatsächlich von diesem oder vom RA bzw seinem Konzipienten tatsächlich besorgt werden), gebührt für jede, wenn auch nur begonnene halbe Stunde die gleiche Entlohnung wie nach **TP 6** sowie Entschädigung für Zeitversäumnis nach TP 9 Z 4; außerdem kann die Vergütung für die Benützung eines Massenbeförderungsmittels berechnet werden. Musste das Geschäft durch den RA oder RAA verrichtet werden, so gebührt das **Doppelte** der Entlohnung nach TP 6. Es gilt also:

TP 7.1 – Kanzleigehilfe	TP 7.2 – RA oder RAA
TP 6 pro ½	2xTP 6 pro ½
zuzügl Zeitversäumnis und Reisekosten (Fahrscheine)	
+ ES (einfacher, jedoch nicht doppelter, da ohnedies Reisekosten, s oben)	
	zB Interventionsvollzug, Aktenstudium bei Behörden, Kommissionen zum Referenten, Vornahme eines außergerichtlichen Augenscheins zu Informationszwecken

Nach § 7 Abs 2 AHK kann bei **Abrechnung des Honorars nach Einzelleistungen** der Ansatz nach TP 7/2 RATG auch für ein **Aktenstudium in der eigenen Kanzlei** angewendet werden, das nach Art und Umfang das zur Vorbereitung anwaltlicher Leistungen üblicherweise notwendige Aktenstudium erheblich übersteigt.

9. TP 8 – Telefonate und Konferenzen

Bei Tarifpost 8 geht es um **Telefonate und Konferenzen**. Die TP umfasst „Besprechungen aller Art, auch im Fernsprechwege". Neben den persönlichen Gesprächen und Konferenzen gibt es dank der voranschreitenden Technik auch die Surrogate im Wege der (Sprach- und Video-[!])Telefonie.

Wieder kennt der RAT zwei Ansätze, jenen für kurze Telefonate/Besprechungen (TP 8k) und jenen für längere (länger als zehn Minuten) währende: „TP 8l":

TP 8k	TP 8l
Bis 10 Minuten	Über 10 Minuten
= 4/10 *TP 8l	Ansatz je ½ Stunde
KEIN ES!	

Sehr kurze Mitteilungen im Fernsprechwege, mit Ausschluss von Rechtsbelehrungen, werden aber nur nach TP 5 entlohnt (Anm zu TP 8).

10. TP 9 – Reisekosten

Bei Vornahme von Geschäften in gerichtlichen Verfahren außerhalb des Ortes, an dem sich die Kanzlei des RA befindet, gebühren außer der Entlohnung für die Vornahme des Geschäftes **Reisekosten** und **Entschädigung für Zeitversäumnis**, wenn der Ort der Geschäftsvornahme vom Ort, an dem sich die Kanzlei des RA befindet, mehr als zwei Kilometer entfernt ist.

Zu den Reisekosten zählen die Kosten der Beförderung mit einem **Massenbeförderungsmittel** (Eisenbahn, Straßenbahn, Autobus, Schiff, Flugzeug etc). Einem RA oder RAA gebührt dabei die Vergütung für die höchste Klasse (also ÖBB 1. Klasse), einem anderen Bediensteten des RA für die nächstniedrigere tatsächlich geführte. Sofern ein Massenbeförderungsmittel überhaupt oder ohne bedeutenden Zeitverlust nicht benützt werden kann, steht die Vergütung für ein Kraftfahrzeug zu (Kilometer-Geld nach der RGV, derzeit 0,38 Euro pro km), in allen anderen Fällen eine Wegentschädigung für jede, wenn auch nur begonnene Stunde von 13,30 Euro.

Ferner gebühren als **Verpflegskosten**, wenn die Abwesenheit vom Wohnort des RA mindestens drei Stunden dauert, für jeden Tag, an dem diese Voraussetzung zutrifft, ein den Kosten der in die Zeit der Abwesenheit üblicherweise fallenden Hauptmahlzeiten ortsüblich entsprechender Betrag; als **Übernachtungskosten**, wenn eine Übernachtung außerhalb des Wohnortes des RA notwendig ist, für jede Nacht ein den Kosten einer angemessenen Unterbringung ortsüblich entsprechender Betrag; als **Entschädigung für Zeitversäumnis** für jede, wenn auch nur begonnene Stunde, die auf dem Wege zum oder vom Ort der Geschäftsvornahme oder an diesem Ort außer der für die Vornahme des Geschäftes selbst erforderlichen Zeit zugebracht wurde, ein **Betrag von 25,10 Euro**.

In Orten, in welchen eine Straßenbahn oder ein Autobus die einzelnen Ortsteile verbindet, ist der Fahrpreis für diese Massenbeförderungsmittel (in Wien: zwei Fahrscheine, aktuell 4,40 Euro) auch bei Vornahme von Geschäften innerhalb des Ortes, an dem sich die Kanzlei des RA befindet, ohne Rücksicht auf die Entfernung vom Ort der Geschäftsvornahme zu vergüten (Anm 1 zu TP 9). Bei faktischer Benützung eines eigenen Kfz gebührt dennoch nur die Vergütung für das Massenbeförderungsmittel (Anm 2 zu TP 9), es sei denn, dass die obigen Voraussetzungen („sofern ein Massenbeförderungsmittel überhaupt oder ohne bedeutenden Zeitverlust nicht benützt werden kann") vorliegen. Diesfalls stellt die Differenz zwischen dem amtlichen (nicht ersatzfähigen) Kilometer-Geld aus der Kfz-Benützung und den refundierten Bahnkosten aber Werbungskosten bzw Betriebsausgaben dar, welche in steuerlicher Hinsicht geltend gemacht werden können.

D. ES-System

Zur Vermeidung von zu stark gegliederten und Bagatellpositionen umfassenden Kostennoten sieht das RATG in § 23 das **System des Einheitssatzes für Nebenleistungen** vor. Bei der Entlohnung von **Leistungen, die unter die TP 1, 2, 3, 4 oder 7 fallen**, gebührt anstelle aller unter die TP 5, 6 und 8 fallenden Nebenleistungen und anstelle des Ersatzes für die Postgebühren im Inland ein Einheitssatz. Der RA kann jedoch gegenüber der von ihm vertretenen Partei – nicht aber gegenüber dem ersatzpflichtigen Prozessgegner – statt des Einheitssatzes die einzelnen Nebenleistungen verrechnen.

Das ES-System wird bei **Anwaltssoftware-Programmen** üblicherweise dadurch verwirklicht, dass TP 5-, 6- und 8-Leistungen mitprotokolliert werden, bei Erstellung der Kostennote nach dem RATG jedoch keine Berücksichtigung finden („greyed out"; grau dargestellt), da sie bereits durch den ES zu den sonstigen Leistungen (TP 1, 2 oder 3 bzw 4 oder 7) mitumfasst sind. Diese Programme ermöglichen dem RA zudem auch den Vergleich zwischen RATG-Kostennote und Verdienstberechnung nach Maßgabe der Einzelleistungsverrechnung.

Der **doppelte ES für auswärtige Verrichtungen** von Verhandlungen und Lokalaugenscheinen deckt auch die Reisekosten (TP 9) mit ab. Alternativ dazu besteht für den RA die Möglichkeit, bloß den einfachen ES und hinzutretend die Reisekosten zu verzeichnen.

Die **Höhe** des ES beträgt:

- bei einem Streitwert bis (einschließlich) **10.170 Euro**: 60 %,
- darüber: 50 %

In die Bemessungsgrundlage für die prozentuelle Erhöhung der Verdienstsumme durch den ES fallen dabei aber **nicht** auch die Reisekosten, Entschädigung für Zeitversäumnis und sonstiger Barauslagenersatz.

Beispiel:

RA Dr. Peter Pluto muss in der (letzten) Verhandlung feststellen, dass die vorbereitete Kostennote die von seiner Partei überwiesenen Kostenvorschüsse für die beiden Gerichtssachverständigen in Höhe von gesamt 1.000 Euro nicht enthält, ebenso fehlen die erlegten Dolmetschergebühren in Höhe von 278 Euro sowie die Zeugengebühren von 294 Euro. Der Streitwert beträgt 29.372 Euro, vertreten wird „nur" eine Partei, auf der Gegenseite befindet sich ebenfalls „nur" eine Partei. Wie und wann erfolgt die Korrektur und Ergänzung der Kostennote? Variante: Vertreten werden von Dr. Pluto drei Parteien, auf der Gegenseite befindet sich ein Nebenintervenient.

Lösung:

Die Ergänzung (= Legung) der (korrekten) Kostennote muss bei Gefahr des sonstigen (aliquoten, nämlich bei zu geringer Verzeichnung) Anspruchsverlustes **vor dem Schluss der mündlichen Verhandlung erster Instanz** erfolgen. Die Streitwerthöhe erlangt für die Barauslagenersatzverzeichnung keine Bedeutung; anderes gilt für den ES (dort Schwelle bei 10.170 Euro für den Sprung von 60 % auf bloß 50 %). Die Kostennote weist daher die (handschriftlich vermerkten) zusätzlichen BA-Positionen auf wie folgt:

EUR 1.000	SV-KoVo
EUR 278	Dolmetschergebühren
EUR 294	Zeugengebühren

Bei besonderem Zeitdruck wäre denkbar, auf die Addition zu verzichten. Diese stellt nämlich keine (zwingende) Voraussetzung des Kostenzuspruches dar, wohl aber die vollständige Aufnahme der Einzelpositionen.

Zur Variante: Die Vertretung mehr als einer Partei bzw das Vorhandensein eines Nebenintervenienten auf der Gegenseite (ebenso wie der Umstand mehrerer Parteien auf der Gegenseite) wirken sich nicht auf die Höhe der BA-Verzeichnung nach dem RATG aus.

Nach § 23 Abs 4 RATG umfasst der ES aber nicht solche **Nebenleistungen im Zuge außergerichtlicher mündlicher oder schriftlicher Verhandlungen**, die vor oder während eines gerichtlichen Verfahrens zur Vermeidung eines Gerichtsverfahrens oder zur Herbeiführung eines Vergleiches vorgenommen worden sind, falls sie einen erheblichen Aufwand an Zeit und Mühe verursacht haben. Sie sind nach der für jede einzelne Leistung geltenden Tarifpost zu entlohnen. Das Gleiche gilt für Nebenleistungen, wenn die Rechtssache beendet worden ist, ehe die den Nebenleistungen entsprechende Hauptleistung verrichtet wurde. Vergleichsverhandlungen (von gewissem Mindestumfang) berechtigen den RA daher zur gesonderten Verdienstverzeichnung (außerhalb des ES-Systems).

Der **doppelte ES** steht nach § 23 Abs 6 und 8 RATG für

- Klagen, Einsprüche und Klagebeantwortungen,
- die Verrichtung von auswärtigen Gerichtsverhandlungen erster Instanz: „wenn der Rechtsanwalt die Leistung an einem Ort außerhalb des Sitzes seiner Kanzlei vornimmt oder mit der Vornahme dieser Leistung einen anderen Rechtsanwalt beauftragt und keinen Anspruch auf Ersatz der Reisekosten und auf Entschädigung für Zeitversäumnis geltend macht oder das Gericht ihm einen solchen Anspruch nicht zuerkennt, weil er sich durch einen am Gerichtsort ansässigen Rechtsanwalt hätte vertreten lassen können" sowie
- Exekutionsanträge (Abs 8 leg cit)

zu.

Ausnahme: Dies gilt jedoch nicht hinsichtlich von **(Bagatell-)Mahnklagen nach TP 2**, in denen lediglich die Zahlung eines 360 Euro nicht übersteigenden Geldbetrags begehrt wird. Bei diesen gebührt im Fall der Rechtskraferlangung wegen unterbliebenen (rechtzeitigen) Einspruches nur der einfache ES, andernfalls (nämlich bei Einspruchserhebung) ebenfalls der doppelte ES.

Zum Zuspruch des drei- und vierfachen ES zur Berufung und Berufungsbeantwortung kommt es im Regelfall von Berufungsverfahren, in wechen Rechtsmittelverfahren keine Beweise aufgenommen oder keine sonstigen Ergänzungen des Verfahrens vorgenommen werden"). Im Fall der nötigen Verrichtung einer auswärtigen derartigen Berufungsverhandlung steht der vierfache ES zu, andernfalls der dreifache (also bei Verrichtung einer nicht-auswärtigen Berufungsverhandlung oder bei Entfall derselben). Zudem gilt diese Regelung auch nicht für (Bagatell-)Berufungsverfahren nach § 501 Abs 1 ZPO.

E. Besonderheiten

1. ASG-Verfahren

Im ASG-Verfahren gelten in weiten Bereichen kostenmäßig grundsätzlich keine Besonderheiten, dies aber mit den beiden bedeutenden Ausnahmen:

1. Nach § 58 ASGG steht in Rechtsstreitigkeiten nach § 50 Abs 2 ASGG („Streitigkeiten über Rechte oder Rechtsverhältnisse, die sich aus dem II. oder V. Teil des ArbVG [betriebsverfassungsrechtliche Streitigkeiten], oder aus gleichartigen bundesrechtlichen Bestimmungen ergeben, insbesondere **Kündigungsanfechtung nach § 105 ArbVG**") einer Partei ein Kostenersatzanspruch an die andere nur im Verfahren vor dem OGH zu. In besonderen Feststellungsverfahren sieht § 54 Abs 2 ASGG keinen Kostenersatzanspruch vor.
2. Nach dem GGG entsteht zudem Gerichtsgebührenpflicht erst ab einem gewissen Schwellenwert von derzeit 1.450 Euro (Anm 8 zu TP 1 GGG, ebenso für das RM-Verfahren: Anm 5 zu TP 2, Anm 5 zu TP 3), wobei eine besondere (niedrige) Bemessungsgrundlage für Kündigungsbekämpfungen gilt.

2. ERV-Zuschlag

Für die vorgesehen Abwicklung der Mahnklagen und Schriftsatzeinbringung im ERV (elektronischer Rechtsverkehr) sieht § 23a RATG eine Erhöhung der Entlohnung vor. Diese soll einen Beitrag zur Kostenamortisation für die ERV-Einrichtung aufseiten des RA bewirken. Der ERV-Zuschlag beträgt für verfahrenseinleitende Schriftsatz ~~3,60~~ Euro, für weitere ERV-Schriftsätze ~~1,80~~ Euro; die ERV-Zuschlagsberechnung entspricht zudem der Standard-Kostenprotokollierung bei den meisten Anwaltssoftwareprogrammen. Der jeweilige Erhöhungsbetrag wird bei der Bemessung des ES und des Streitgenossenzuschlags nicht berücksichtigt.

Werden in Grundbuch- und Firmenbuchsachen sämtliche Urkunden, die aufgrund der mit der Eingabe beantragten Eintragung in die Urkundensammlung des Grundbuchs oder Firmenbuchs aufzunehmen sind, im elektronischen Rechtsverkehr übermittelt, so gebührt dem RA dafür eine weitere Erhöhung der Entlohnung von 7 Euro.

3. Streitgenossenzuschlag

§ 15 RATG regelt die **Erhöhung der Entlohnung bei mehreren Personen** im Zivilprozess. Dem RA gebührt eine Erhöhung seiner Entlohnung, wenn er in einer Rechtssache mehrere Personen vertritt oder mehreren Personen gegenübersteht. Die Erhöhung beträgt **10 %** bei der ersten zusätzlichen vom RA vertretenen Person oder bei der ersten zusätzlichen gegnerischen Partei bzw beim ersten zusätzlichen gegnerischen Nebenintervenienten. Bei jedem weiteren **5 %**. Ebendies sieht auch § 7 Abs 1 AHK vor. S dazu auch weiter oben unter III. A. 5. Nebenintervention.

Beispiel:

Sie vertreten drei Kläger gegen zwei beklagte Parteien. Steht Ihnen ein Streitgenossenzuschlag zu und bejahendenfalls in welcher Höhe? Wenn Sie nun nicht die Klagsseite vertreten, sondern eine oder beide beklagte Parteien, welcher Streitgenossenzuschlag steht Ihnen dann zu?

Lösung:

1. Bei Vertretung der klagenden Partei: Insgesamt 20 % Streitgenossenzuschlag, nämlich: 0 % für die erste vertretene Partei, 10 % für die zweite vertretene Partei, 5 % für die dritte vertretene Partei, weitere 5 % in Anbetracht des Umstandes, dass Sie Ihre drei Mandanten gegen zwei (beklagte) Parteien vertreten.
2. Auf Beklagtenseite: Sofern Vertretung „nur" der erst- oder der zweitbeklagten Partei: 15 %, da Sie insgesamt drei klagenden Parteien gegenüberstehen, also 0 % für den ersten Gegner, 10 % für den zweiten und 5 % für den dritten. Bei Vertretung beider beklagter Parteien durch einen RA treten weitere 5 % Streitgenossenzuschlag hinzu, sodass im Ergebnis ein Streitgenossenzuschlag in Höhe von 20 % zur Verdienstsumme gebührt.

4. „Besondere Mühe"-Zuschlag

§ 21 Abs 1 aE RATG sieht vor, dass die Entlohnung für anwaltliche Leistungen unabhängig vom Tarif **angemessen festgesetzt** werden soll, insbesondere unter Berücksichtigung der aufgewendeten Zeit und Mühe, **wenn** im einzelnen Falle die **Leistung des RA nach Umfang oder Art den Durchschnitt erheblich übersteigt**.

Zudem sieht § 16 AHK einen **„Überstunden- bzw Feiertagszuschlag"** vor: „Zu den Honoraransätzen für Leistungen eines Rechtsanwalts, die aus gerechtfertigten Gründen zwischen 20 Uhr und 8 Uhr oder an Sonn- und Feiertagen, oder an Samstagen erbracht werden, kann ein Zuschlag in Höhe von 100 % als angemessen betrachtet werden."

5. Normalkostentarif

Die **abgekürzte Verzeichnung der Kosten** kann **bei Kurrentien** erfolgen. § 24 RATG ermächtigt den Bundesminister für Justiz, durch Verordnung eine Berechnung der Entlohnung, die dem RA für regelmäßig vorkommende Leistungen in einfachen und häufig wiederkehrenden Fällen gebührt, zusammenzustellen (**Normalkostentarif**). Von dieser VO-Ermächtigung hat der BMJ auch Gebrauch gemacht, wobei der NKT regelmäßig aktualisiert wird. Der Tarif erstreckt sich ua auf Mahnklagen, Exekutionsanträge und Versäumungsurteile: „im Zivilprozess und im Exekutionsverfahren auf Anträge, über die ohne mündliche Verhandlung vom Gericht entschieden wird, mit Ausnahme von Rechtsmitteln".

Die (verkürzte) Verzeichnung erfolgt durch das entsprechende Kostenersatzbegehren: Statt der detaillierten (Einzel-)Verzeichnung wie bspw Mahnklage verfasst TP 3A, + 120 % ES, + PG und der Addition bedarf es bloß der einen Zeile: „Kosten: Normalkosten", dies allenfalls noch unter Hinzufügung von TP 2 bzw 3A („Kosten: Normalkosten TP 3A"). Die Höhe der anwaltlichen Kosten bleibt jedoch durch die Verzeichnung nach dem NKT gegenüber der „Normalverzeichnung nach dem RATG" unverändert.

6. Abrechnung mit (Rechtsschutz-)Versicherung

Zahlreiche Anwaltssoftwareprogramme kennen eigene Einstellungen für die Abrechnung mit der (Rechtsschutz-)Versicherung. Dies gilt insbesondere hinsichtlich des Einheitssatzes. Sofern gegenüber der **(Rechtsschutz-)Versicherung** keine **Sonderkonditionen** eingeräumt werden, wird der **Einheitssatz-Faktor** unverändert belassen. Andernfalls kommt es zur Umstellung auf den bspw einfachen Einheitssatz (statt doppeltem ES) für Verhandlungen (also loco-Tarif selbst für auswärtige Verhandlungen) sowie einfachen ES für alle Leistungen (also auch jene, für welche ein mehrfacher ES gebühren würde, etwa Klage, KB, Einspruch Rechtsmittel etc).

Auch bestehen Sondereinstellungen für diverse Arten von Zuschlägen. Dies gilt etwa für einen Nachtzuschlag bzw – in Strafsachen – **d**en Erfolgszuschlag.

IV. Grundzüge des Kostenersatzes in anderen Verfahren

A. Außerstreitverfahren

Gem § 78 Abs 2 AußStrG wird der Kostenersatz, mangels Sondervorschriften, bei widerstreitenden Parteiinteressen nach dem Prozesserfolg zugesprochen. Ist dies nicht möglich, werden die notwendigen Barauslagen des Verfahrens nach dem Anteil der Parteien am Verfahrensgegenstand aufgeteilt, im Zweifel jedoch zu gleichen Teilen. Vom Erfolgsgrundsatz darf nur aus Billigkeitserwägungen und im Falle der Kostenseparation abgewichen werden.

Vor dem AußStrG 2003 (BGBl I 2003/111), welches mit 1. 1. 2005 in Kraft getreten ist, war grundsätzlich kein Kostenersatz im Außerstreitverfahren vorgesehen gewesen. Dies gilt für alle bis 31. 12. 2004 eingereichten Anträge und aufgrund dieser bis dato anhängigen Verfahren. Alle späteren Anträge fallen in den Anwendungsbereich des neuen **§ 78 AußStrG 2003**, der nun **generelle Kostentragungsregeln in das Außerstreitverfahren** einführt. Diese sind laut Abs 1 ausdrücklich **subsidiär zu abweichenden gesetzlichen Sonderbestimmungen** anzuwenden. Das bedeutet, dass die allgemeinen Bestimmungen über den Kostenersatz nur in Verfahren gelten, für die der Kostenersatz nicht gänzlich ausgeschlossen ist, wie zB im Adoptionsverfahren nach § 90 Abs 2 AußStrG, oder ein eigenes Kostenersatzrecht (zB § 44 EisbEG) bzw (teilweise) abweichende Regelungen (zB § 37 Abs 3 Z 17 MRG) gelten (vgl *Obermaier*, Kostenhandbuch[2] Rz 717).

Die folgenden Ausführungen beschränken sich auf die generellen Kostenersatzbestimmungen des § 78 AußStrG, da die Darstellung der abweichenden Sonderbestimmungen der diversen Außerstreitverfahren den Rahmen dieses Skriptums sprengen würde. Diesbezüglich darf auf die einschlägige Literatur (zB *Obermaier*, Kostenhandbuch[2] [2010]) verwiesen werden.

§ 78 Abs 2 AußStrG sieht zunächst vor, bei **widerstreitenden Parteiinteressen einen Kostenersatz nach dem entsprechenden Verfahrenserfolg zuzusprechen**, es gilt also grundsätzlich das Obsiegensprinzip. Der Kostenersatz scheidet daher naturgemäß in Verfahren aus, an denen nur eine Partei beteiligt ist, wie im Grundbuchsverfahren erster Instanz. Eine **Ausnahme vom Obsiegensprinzip** macht die zitierte Bestimmung nur aus Gründen der **Billigkeit**, wenn dies wegen tatsächlicher oder rechtlicher Schwierigkeiten in der Sache geboten erscheint, oder wegen eines **einer einzelnen Partei zuzurechnenden Mehraufwands** (Kostenseparation). In den genannten Ausnahmefällen liegt es im Ermessen des Gerichtes, auch der obsiegenden Partei den (teilweisen) Kostenersatz aufzutragen (vgl *Obermaier*, Kostenhandbuch[2] Rz 722 ff). **Mangels entgegengesetzter Interessen** werden lediglich die in § 43 Abs 1 dritter Satz ZPO genannten **Barauslagen**, das sind insbesondere die Gerichts- und Zeugengebühren sowie Sachverständigenkosten, auf die Verfahrensparteien **entsprechend ihrer Anteile am Verfahrensgegenstand** aufgeteilt, sind diese nicht feststellbar, sind sie zu gleichen Teilen zu tragen (Abs 3).

Ersatzfähig sind nur die **zur zweckentsprechenden Rechtsverfolgung und -verteidigung notwendigen Kosten** sowie **Barauslagen**.

! **Beispiel:**

Nach § 78 Abs 2 AußStrG sind im Regelfall die **Kosten der berufsmäßigen Parteienvertreter** als zur zweckentsprechenden Rechtsverfolgung und -verteidigung notwendig anzusehen. Die Billigkeitsklausel des § 78 Abs 2 AußStrG erlaubt **kein beliebiges Abweichen vom Erfolgsprinzip** (LG Salzburg 31. 7. 2006, 21 R 287/06m = EF-Z 2006/83).

§ 78 Abs 4 AußStrG verweist hinsichtlich der Verzeichnung der Kosten und der Verzinsung auf die entsprechenden Bestimmungen der ZPO (§§ 54 und 54a), sodass zur Geltendmachung der Prozesskosten **rechtzeitig ein detailliertes Kostenverzeichnis** gelegt werden muss.

Eine weitere Besonderheit des Außerstreitverfahrens findet sich in § 78 Abs 1 letzter Satz AußStrG. Das zuständige Gericht hat die Möglichkeit, die Kostenentscheidung bereits im Zuge des die Sache erledigenden Beschlusses zu treffen oder aber sich **die gesonderte Entscheidung über die gesamten Verfahrenskosten bis nach der rechtskräftigen Beendigung des Verfahrens vorzubehalten.**

Die **Höhe des Kostenersatzes** wie auch des anwaltlichen **Honorars** für die erbrachten Leistungen im Außerstreitverfahren bestimmt sich nach den Ansätzen des **RATG iVm** den Bestimmungen der **AHK.** § 5 AHK, aber auch § 10 RATG sehen zu diesem Zweck umfangreiche Bemessungsgrundlagen vor. Sollten der Verfahrensgegenstand nicht in einem Geldbetrag bestehen und auch sonst keine Bemessungsgrundlagen vorgegeben sein, ist gem § 4 RATG der Wert maßgeblich, mit dem der Antragsteller den Verfahrensgegenstand bewertet. § 6 AHK verweist für die Berechnung auf die sinngemäße Anwendung des RATG, insbesondere auf die Bestimmungen des Einheitssatzes und die TP 1 bis 3 sowie TP 5 bis 9 RATG (*Thiele*, Anwaltskosten[3] § 1 RATG 167 f). Natürlich sind im Außerstreitverfahren auch **Honorarvereinbarungen** mit dem Mandanten nach den allgemeinen Grundsätzen **zulässig**.

B. Exekutionsverfahren

Der Gläubiger hat gegen den Verpflichteten grundsätzlich Anspruch auf Ersatz der von ihm verursachten, zur zweckentsprechenden Rechtsverfolgung notwendigen Kosten. Ausnahmsweise hat auch der Verpflichtete einen Kostenersatzanspruch, wenn der Exekutionsbewilligung kein vollstreckbarer Exekutionstitel zugrunde lag oder zu Unrecht gegen ihn Exekution geführt wurde.

Im Exekutionsverfahren hat der **betreibende Gläubiger** grundsätzlich **Anspruch auf Kostenersatz**. Gem § 74 EO werden dem Verpflichteten alle von ihm dem Gläubiger verursachten, zur zweckentsprechenden Rechtsverfolgung **notwendigen Kosten** auferlegt. Es wird jedoch nur Ersatz für erfolgreiche Anträge gewährt, wobei es dazu nicht notwendig ist, dass der betriebene Anspruch dadurch befriedigt wird, es ist vielmehr bereits ausreichend, dass dem Antrag durch das Gericht Folge gegeben wird. Der Verpflichtete hat gem § 54f EO grundsätzlich keinen Kostenersatzanspruch, außer der Exekutionsbewilligung lag kein vollstreckbarer Exekutionstitel zugrunde oder es wurde zu Unrecht gegen ihn Exekution geführt.

Der **Kostenersatzanspruch** des Gläubigers **entfällt** gem § 75 EO insbesondere dann, wenn der Verpflichtete mit einer Oppositionsklage oder Impugnationsklage nach §§ 35 und 36 EO durchdringt, der Exekutionstitel rechtskräftig für ungültig erkannt, aufgehoben oder sonst für unwirksam erklärt wurde, die Vollstreckbarkeit aufgehoben wurde und die Exekution durch keinen Exekutionstitel gedeckt war (§ 39 Abs 1 Z 1, 9 und 10 EO) sowie wenn die Exekution aus Gründen eingestellt wird, die dem Gläubiger vor Einbringung des Exekutionsantrages bereits bekannt waren. Hat der betreibende Gläubiger die Exekution mutwillig herbeigeführt, kann ihm das Gericht gem § 54g EO darüber hinaus eine **Mutwillensstrafe** von derzeit zumindest 100 Euro auferlegen.

Voraussetzung für den Kostenersatz ist die Geltendmachung durch **rechtzeitige Verzeichnung bei der ersten Gelegenheit**, also im entsprechenden Schriftsatz bzw im Zuge der Amtshandlung. Ist dies nicht möglich, sind die Kosten gem § 74 Abs 2 EO beim nächsten Kontakt mit dem Gericht, spätestens jedoch vier Wochen nach Beendigung der Exekution, zu verzeichnen. Die Kosten müssen dazu im Kostenverzeichnis detailliert angeführt werden (*Rassi*, Exekutionstipps für Praktiker III, Zak 2007/698). Gem § 24 Abs 1 lit b und c RATG ist in Tagsatzungen zur Ablegung des Offenbarungseides und bei Anträgen, über die ohne mündliche Verhandlung entschieden wird (bestimmte Exekutionsanträge bspw auf Räumungsexekution, zwangsweise Pfandrechtsbegründung und Exekution auf bewegliches Vermögen) mit Ausnahme von Rechtsmitteln, zur Vereinfachung die Abrechnung unter Berufung auf den entsprechenden **Normalkostentarif** möglich.

Die **ersatzfähigen Kosten** des Gläubigers setzen sich aus der **Gerichtsgebühr**, der **Vollzugsgebühr** des Gerichtsvollziehers und den **Anwaltskosten** samt USt zusammen.

Die Höhe der **anwaltlichen Vertretungskosten** bzw des **Honorars** werden nach dem **RATG** berechnet. Eine Honorarvereinbarung mit dem Mandanten ist jedoch zulässig. Die **Bemessungsgrundlage** ergibt sich aus **§ 13 RATG** und ändert sich während des gesamten Verfahrens nicht mehr. Demnach ist für den Kostenersatz des **Gläubigers** der **Wert des Kapitalanspruches**, der hereingebracht werden soll, relevant. Prozesskosten und Nebengebühren werden nur dann bei der Bemessungsgrundlage mitberücksichtigt, wenn sie alleine Gegenstand des durchzusetzenden oder zu sichernden Anspruches waren.

Für den Ersatzanspruch des Verpflichteten ist der Wert des durch seinen Antrag betroffenen Anspruches maßgeblich. Der Drittschuldner hat Anspruch auf Kostenersatz auf Basis des Wertes der gepfändeten Forderung, gem § 302 Abs 1 EO erhält er für die Abgabe der Drittschuldnererklärung einen pauschalen Ersatz von 15 bzw 25 Euro. Im Versteigerungsverfahren ergibt sich die Bemessungsgrundlage für die Bieter und den Ersteher aus dem Meistbot.

Exekutionsanträge werden grundsätzlich nach **TP 2 RATG** (+ doppelter ES; dazu sogleich) entlohnt, TP 3A RATG kann verzeichnet werden, wenn diese mit dem Antrag auf Vollstreckbarerklärung verbunden werden oder für eine Exekutionsführung mit ausländischen Titeln. Damit sind in Exekutionsverfahren auf bewegliche körperliche Sachen und auf Geldforderungen auch alle weiteren Schriftsätze des betreibenden Gläubigers innerhalb der ersten zehn Monate mitabgegolten (Anm zu TP 1 RATG). Dies stellt die Reaktion des Gesetzgebers dar, um das davor anzutreffende Antrags- und Schriftsatzunwesen auf Kosten des Verpflichteten im Exekutionsverfahren abzustellen. Zum Ausgleich dafür gebührt gem § 23 Abs 8 RATG der **doppelte Einheitssatz**. Für die Teilnahme an Tagsatzungen zur Verhandlung über widerstreitende Parteianträge bzw zur Beweisaufnahme steht der Kostenersatz auf Grundlage des TP 3A RATG zu, sonstige Tagsatzungen sind nach TP 2 RATG abzurechnen. Für einzelne Verfahren aufgrund der unterschiedlichen Exekutionsarten bestehen zum Teil spezielle zusätzliche Kostenersatzbestimmungen, s näher bei *Thiele*, Anwaltskosten[3] 120 ff.

C. Insolvenzverfahren

- Die Entlohnung eines RA als Insolvenzverwalter wird gem § 82 IO auf Basis des bei der Verwertung des Insolvenzvermögens erzielten Erlöses anteilsmäßig berechnet. Der prozentuelle Anteil nimmt mit steigenden Beträgen gestaffelt ab. Abweichend von dieser Regelentlohnung für eine durchschnittliche Insolvenz ist bei außergewöhnlichem Aufwand eine Erhöhung vorgesehen. Zusätzlich steht dem Insolvenzverwalter bei Verwertung einer Sondermasse oder Fortführung eines insolventen Unternehmens ein zusätzliches Entgelt zu.
- Ein Kostenersatz für den am Insolvenzverfahren teilnehmenden Gläubiger ist nicht vorgesehen.

Für die Frage des Kostenersatzes nach der IO muss zwischen den **Kosten eines Gläubigers** für die Teilnahme am Insolvenzverfahren seines Schuldners und der **Entlohnung eines RA** für seine Tätigkeit **als Insolvenzverwalter** unterschieden werden.

Für die dem Gläubiger aufgrund der **Teilnahme am Insolvenzverfahren** entstandenen Kosten wie zB für die Forderungsanmeldung kann **kein Kostenersatz** zugesprochen werden. Dies ergibt sich aus § 254 Abs 1 IO, der, bei subsidiärer Anwendbarkeit der JN und ZPO nach § 252 IO, ausdrücklich die Bestimmungen über die Prozesskosten ausnimmt. Demzufolge können die Kosten für die Teilnahme am Insolvenzverfahren gem § 58 IO auch nicht als Insolvenzforderungen geltend gemacht werden.

Für den RA, der als **Gläubigervertreter** einschreitet, berechnet sich der **Honoraranspruch** gegen seinen Mandanten gem § 3 RATG auf Grundlage der **Höhe der angemeldeten Forderung samt Zinsen und Kosten bis zum Tag der Eröffnung des Insolvenzverfahrens**, sofern keine abweichende Honorarvereinbarung getroffen wurde. Für den Schriftsatz, mit dem die Forderung angemeldet wird (sog Forderungsanmeldung), ist die Verzeichnung eines Honorars nach TP 1 RATG angemessen. Für die Vertretung des Mandanten im Prüfprozess, wenn der Insolvenzverwalter die Forderung bestritten hat, gelten die allgemeinen Kostenersatzbestimmungen, also §§ 41 ff ZPO.

Schreitet ein RA für den **Schuldner** im Insolvenzverfahren ein, sieht § 5 Z 16 AHK entsprechende Bemessungsgrundlagen für die Honorarabrechnung vor. § 6 AHK verweist dabei auf die sinngemäße Anwendung der Ansätze des RATG.

Wird ein **RA** vom Insolvenzgericht **zum Insolvenzverwalter in einem Insolvenzverfahren bestellt**, hat er gem § 82 Abs 1 IO Anspruch auf eine **angemessene Entlohnung** zuzüglich Umsatzsteuer und Barauslagenersatz. Die **Bemessungsgrundlage** ergibt sich nach Abs 2 aus dem **bei der Verwertung erzielten Bruttoerlös** abzüglich der Beträge, die für besondere Leistungen an den Insolvenzverwalter selbst oder an Dritte bezahlt wurden. Der Prozentsatz des auf die **Entlohnung** entfallenden Anteils des Erlöses ist je **nach Höhe der Bemessungsgrundlage gestaffelt** und **nimmt mit steigenden Beträgen ab**. Der Insolvenzverwalter erhält somit derzeit von den ersten 22.000 Euro 20 %, von den übersteigenden Beträgen bis 100.000 Euro 15 %, bis 500.000 Euro 10 % usw. Die **Mindestentlohnung** beträgt unabhängig vom Erlös 2.000 Euro (im Schuldenregulierungsverfahren gem § 191 Abs 1 IO 750 Euro).

Dies stellt die **Regelentlohnung** für alle sich aus der IO ergebenden Aufgaben des Masseverwalters in einen **durchschnittlichen Insolvenzfall** dar. Diese kann sich gem § 82b IO **bei außergewöhnlichen Abweichungen vom Normalfall** aufgrund der Größe und Schwierigkeit des Verfahrens und des damit verbundenen besonderen Aufwandes **erhöhen**, aber auch bei Einfachheit gem § 82c IO **vermindern**.

Wird im Zuge des Insolvenzverfahrens der **Sanierungsplan** angenommen, berechnet sich die Entlohnung auf Basis der zur Befriedigung der Gläubiger notwendigen Beträge als Bemessungsgrundlage. Der prozentuale Anteil der Belohnung nimmt wie bei der Regelentlohnung bei steigenden Beträgen gestaffelt ab.

Der Insolvenzverwalter hat darüber hinaus nach § 82d IO Anspruch auf eine **besondere Entlohnung** für die **Verwaltung, Verwertung und Verteilung einer Sondermasse**, dabei handelt es sich um zur Insolvenzmasse gehörige Sachen, an denen Absonderungsgläubiger Ansprüche auf abgesonderte Befriedigung haben. Die Entlohnung ist abhängig vom Wert der Sondermasse und nimmt wie bei der Regelentlohnung bei steigender Bemessungsgrundlage ab. Unterschiede ergeben sich auch danach, ob es sich um eine gerichtliche Veräußerung der Sondermasse oder eine sonstige Art der Verwertung handelt. Sie wird **zusätzlich zur Regelentlohnung** zugesprochen.

Weiters kann der Insolvenzverwalter für die **Fortführung eines Unternehmens**, über das das Insolvenzverfahren eröffnet wurde, gem § 82 Abs 3 IO ebenfalls eine **zusätzliche Entlohnung** beanspruchen. Dazu muss er nach § 125a Abs 1 IO spätestens in der Berichtstagsatzung einen Kostenvoranschlag vorlegen, in dem er die erforderlichen Tätigkeiten und die voraussichtliche Entlohnung je Monat darlegt. Überschreitet der tatsächliche Aufwand die veranschlagten Kosten um mehr als 15 %, ist über diesen ein gesonderter Kostenvoranschlag zu legen.

Der Insolvenzverwalter ist gem § 125 IO verpflichtet, will er seinen **Entlohnungsanspruch** nicht verlieren, diesen bei **Beendigung seiner Tätigkeit, spätestens jedoch in der Tagsatzung zur Prüfung der Schlussrechnung** beim Insolvenzgericht **geltend zu machen**. Hierbei muss er nachvollziehbar die für die Bemessung maßgeblichen Umstände darlegen. Das Insolvenzgericht entscheidet im Einvernehmen mit dem Gläubigerausschuss und dem Schuldner über die Entlohnung und setzt diese mit einem Pauschalbetrag fest. Dem Insolvenzverwalter können gem § 125 Abs 3 IO bei umfangreicheren Insolvenzverfahren **Vorschüsse** bewilligt werden. Dies entspricht auch der Praxis bei mittleren und größeren Insolvenzverfahren.

Ein **RA**, der aufgrund seiner besonderen Sachkunde typisch anwaltliche Leistungen für die Masse erbringt, welche von seinen Aufgaben als Insolvenzverwalter nicht erfasst sind, kann **neben der Entlohnung nach §§ 82 ff IO**, wie jeder andere im Interesse der Masse einschreitende RA, **seine Anwaltsleistungen gesondert verrechnen**. Voraussetzung dafür ist, dass der Einsatz der besonderen (anwaltlichen) Sachkunde im konkreten Fall zweckmäßig und notwendig war. Dies liegt insbesondere dann vor, wenn ein Insolvenzverwalter, der über diese (anwaltliche) Sachkunde nicht verfügt, sich eines Dritten hätte bedienen müssen, zB in Verfahren mit Anwaltspflicht (vgl *Bartsch/Pollak/Buchegger*, Österreichisches Insolvenzrecht[4] § 82 KO Rz 90 ff).

D. Strafprozess

Bei einem Schuldspruch trägt der Angeklagte die Kosten des Verfahrens. Wird das Verfahren auf andere Weise beendet, besteht die Möglichkeit, einen Pauschalbeitrag für die Verfahrenskosten vom Bund zu beantragen. Im Falle einer erfolglosen Subsidiar- oder Privatanklage bzw bei wissentlich falscher Anzeige erhält der Angeklagte einen umfassenden Ersatz seiner notwendigen Kosten vom Ankläger bzw Anzeiger.

Im Strafverfahren sieht die StPO im 18. Hauptstück eigene Kostentragungsregeln vor, welche sich von jenen des Zivilverfahrens unterscheiden. Gem § 389 Abs 1 StPO wird der **Angeklagte** im Falle eines **Schuldspruches** zum **Ersatz der Kosten des Strafverfahrens** verhalten. Wird er wegen mehrerer Straftaten angeklagt, jedoch nur zum Teil schuldig gesprochen, können ihm die Kosten nur im Umfang des Schuldspruchs auferlegt werden. Keine Kostenersatzpflicht entsteht bei der Einweisung in eine Anstalt gem § 21 Abs 1 StGB.

Zum Ersatz der Kosten kann gem § 389 Abs 3 StPO nur der Verurteilte selbst verpflichtet werden, nicht aber dritte Personen, wie z.B. seine Erben.

Endet das Verfahren **ohne** (teilweisen) **Schuldspruch, trägt** nach § 390 Abs 1 StPO grundsätzlich der **Bund die Kosten** des Verfahrens. Eine **Ausnahme** von diesem Grundsatz besteht für Privatanklageverfahren und Verfahren, in denen der Privatbeteiligte nach Rücktritt der Staatsanwaltschaft die Anklage aufrechterhält (Subsidiaranklage). In diesen Fällen trägt der **Privat- bzw Subsidiarankläger** die Kosten eines aus seiner Sicht erfolglosen Verfahrens selbst. Dies stellt ein erhebliches Kostenrisiko für diesen dar, welches einer Erörterung des RA mit seinem Mandanten im Vorfeld bedarf. Den **Privatbeteiligten** trifft ansonsten keine Pflicht zum Kostenersatz. Dringt er mit seinen privatrechtlichen Ansprüchen (auch nur teilweise) durch, erhält er seine notwendigen Aufwendungen ersetzt, wird er hingegen auf den Zivilrechtsweg verwiesen, bilden die Kosten des Privatbeteiligtenanschlusses vorprozessuale Kosten im Zivilverfahren. Wurde das Verfahren aufgrund einer **wissentlich falschen Anzeige** eingeleitet, **haftet der Anzeiger** gem § 390 Abs 4 StPO für die dadurch entstandenen Kosten. Die **Staatsanwaltschaft** ist ausdrücklich und in jedem Fall **vom Kostenersatz befreit**.

Bedient sich der Angeklagte eines Wahlverteidigers oder wird ihm in Ermangelung dessen in Verfahren mit Anwaltspflicht ein Amtsverteidiger beigegeben, **trägt er grundsätzlich die Kosten** gem § 393 StPO dafür **selbst**. Werden jedoch die **Kosten des Verfahrens einer Prozesspartei auferlegt**, wie zB im Falle der Kostentragung durch den Subsidiarankläger oder den Anzeiger, ist auch der **Aufwand für die Verteidigung bzw anwaltliche Vertretung vom Kostenersatz mitumfasst** (*Lendl*, Das neue Kostenrecht, ÖJZ 2008/75). Endet das Verfahren auf andere Weise als durch Schuldspruch und besteht keine Kostenersatzpflicht einer anderen Prozesspartei, hat der Angeklagte gem § 393a Abs 1 StPO das Recht, einen **Antrag auf Pauschalbeitrag des Bundes zu seinen Verteidigerkosten** (samt Barauslagenersatz) zu stellen. Die Höhe des Pauschalbeitrages hängt von der Notwendigkeit, Schwierigkeit und dem Umfang der Verteidigung ab, darf jedoch die im Gesetz angeführten nach der Verfahrensart (BG, LG in Einzelrichter-, Schöffen- oder Geschworenenverfahren) gestaffelten Höchstbeträge nicht überschreiten. Der **Antrag** muss, bei sonstigem Entfall des Anspruches, **binnen drei Jahren ab Beendigung des Verfahrens** gestellt werden. Der **Ersatzanspruch ist** insbesondere dann **ausgeschlossen**, soweit der **Angeklagte** den das Verfahren begründenden **Verdacht vorsätzlich herbeigeführt** hat, das Verfahren lediglich deshalb beendet worden ist, weil der Angeklagte die **Tat im Zustand der Zurechnungsunfähigkeit** begangen hat oder weil die **Ermächtigung zur Strafverfolgung** in der Hauptverhandlung **zurückgenommen worden** ist.

Weiters ist der Bund gem § 9 GRBG im Falle einer erfolgreichen Beschwerde wegen Verletzung des Grundrechts auf persönliche Freiheit nach dem **Grundrechtsbeschwerdegesetz** verpflichtet, die Beschwerdekosten im Rahmen eines **Pauschalbetrages von 800 Euro zzgl USt und Barauslagen** zu ersetzen (GrundrechtsbeschwerdekostenVO, BGBl II 2008/321).

Übersicht über die Kostentragung und den Kostenersatz im Strafverfahren:

	Kostentragung	**Kostenersatz**
Angeklagter	im Umfang des Schuldspruches	bei Freispruch
Bund	im Umfang des Freispruches im Offizialverfahren (Pauschalbeitrag)	bei einem Schuldspruch vom Angeklagten und bei einem Freispruch im Privat- oder Subsidiaranklageverfahren vom Ankläger
Privat-/Subsidiarankläger	bei Freispruch aufgrund einer Privat- oder Subsidiaranklage	bei Schuldspruch
Privatbeteiligter	keine Kostentragungspflicht im Strafverfahren	im Falles eines Privatbeteiligtenzuspruches
Staatsanwalt	keine Kostentragungspflicht	kein Kostenersatz
Anzeiger	bei wissentlich falscher Anzeige	kein Kostenersatz

Der **Kostenersatz des Ersatzpflichtigen** umfasst einen **Pauschalkostenbeitrag** gem § 381 StPO zu den Kosten des Strafverfahrens **an den Bund**, der individuell nach dem Verfahrensumfang und der wirtschaftlichen Leistungsfähigkeit des Verpflichteten bestimmt wird und je nach Verfahrensart einen gestaffelten Höchstbetrag nicht überschreiten darf. Zu ersetzen sind weiters insbesondere **Sachverständigenkosten, Zeugengebühren und Kosten für Behördenauskünfte**. Ersatzfähig sind ebenfalls die **Kosten** der **notwendigen Verteidigung** (samt Barauslagen) des Angeklagten bzw die **Vertretungskosten** des Privatbeteiligten oder Privat- bzw Subsidiäranklägers.

Für die **diversionelle Erledigung**, ausgenommen die Zahlung eines Geldbetrages nach § 200 StPO, sieht § 388 StPO einen **Pauschalkostenbeitrag von bis zu 250 Euro** vor.

Die Pflicht zum Kostenersatz wird dem Grunde nach mit dem Urteil bestimmt, die Höhe wird nach Rechtskraft der Entscheidung mit gesondertem Kostenbestimmungsbeschluss festgesetzt. § 391 StPO sieht vor, dass die **Kosten nur insoweit einzubringen** sind, als dadurch weder der zur einfachen Lebensführung **notwendige Unterhalt** des Ersatzpflichtigen und seiner Familie noch die Erfüllung der aus der strafbaren Handlung entspringenden **Pflicht zur Schadensgutmachung gefährdet** wird. Im Falle der **Mittellosigkeit** erklärt das Gericht die **Kosten für uneinbringlich**.

Amts- und Wahlverteidiger, nicht jedoch Verfahrenshilfeverteidiger (Barauslagenersatz durch den Bund; s dazu auch *Ziehensack/Ruprecht*, Berufs- und Standesrecht der Rechtsanwälte[4] 34 f), haben im

Strafverfahren Anspruch auf ein angemessenes **Honorar**. Der Amtsverteidiger hat gem § 395 Abs 5 StPO mangels Einigung mit seinem Mandanten die Möglichkeit, die Bestimmung der Kosten seiner Vertretung durch das Gericht zu begehren. Der Wahlverteidiger ist hingegen auf die Geltendmachung seines Honorars im Wege eines Zivilverfahrens angewiesen.

Wurde keine Honorarvereinbarung mit dem Mandanten getroffen, ergibt sich die Angemessenheit des Honorars aus §§ 9 ff AHK. **§ 9 AHK** enthält **angemessene Honoraransätze** mit nach Verfahrensart unterschiedlichen Beträgen für die Hauptverhandlung 1. Instanz, das Berufungsverfahren und das Haftverfahren. Für alle **anderen Leistungen** eines RA im Strafverfahren sieht **§ 10 AHK** nach der Verfahrensart unterschiedliche **Bemessungsgrundlagen** vor, wobei dieser zur Honorarberechnung auf **die Ansätze der TP 1 bis 3 und 5 bis 9 RATG** verweist. § 11 AHK lässt die Verzeichnung des **Einheitssatzes** unter sinngemäßer Anwendung des § 23 RATG zu.

Bedient sich ein **Privatbeteiligter oder Privatankläger** eines RA, ergibt sich sowohl die Honorarforderung des Rechtsvertreters als auch der Kostenersatzanspruch gegen den Prozessgegner aus **TP 4 RATG** (*Thiele*, Anwaltskosten[3] 135). Dies gilt ebenfalls für **Verfahren nach dem MedienG**. Die entsprechenden **Bemessungsgrundlagen** finden sich in **§ 10 RATG**. Die Kosten eines Vertreters im **Subsidiaranklageverfahren** werden dagegen nicht nach TP 4 RATG bemessen, sondern sind nach freiem Ermessen angemessen zu bestimmen, wobei die eben dargestellten Grundsätzen der **§§ 9 f AHK** als Grundlage herangezogen werden können (OGH 7. 2. 1991, 15 Os 149/90).

In offiziösen Strafsachen ist darüber hinaus gem § 12 AHK in bestimmten Fällen ausdrücklich die Vereinbarung eines zusätzlichen **Erfolgshonorars von bis zu 50 % des Grundhonorars** zulässig (s zu den Voraussetzungen das Kapitel „Arten zulässiger Honorarvereinbarungen").

E. Kostenersatz in Verfahren des öffentlichen Rechtes

1. Verfassungsrecht

In Verfahren vor dem VfGH besteht ein Anspruch auf Kostenersatz nur, wenn dieser ausdrücklich im VfGG vorgesehen ist. Die Höhe des Kostenersatzes bestimmt sich grundsätzlich nach Pauschalsätzen; ausgenommen davon sind Verfahren nach Art 137 B-VG, welche auf Grundlage des RATG abgerechnet werden.

Ein Anspruch auf **Kostenersatz** in Verfahren vor dem VfGH besteht gem § 27 VfGG nur, **wenn dieser ausdrücklich im VfGG vorgesehen ist**.

In Verfahren nach **Art 137 B-VG** über vermögensrechtliche Ansprüche gegen Gebietskörperschaften, welche weder im ordentlichen Rechtsweg noch durch Bescheid zu erledigen sind (auch Staatshaftungsklagen wegen legislativem Unrechts oder höchstgerichtlichen Entscheidungen), können gem § 41 VfGG dem **obsiegenden Kläger** auf Antrag die rechtzeitig verzeichneten und **zur zweckentsprechenden Rechtsverfolgung notwendigen Kosten im Umfang des Obsiegens zugesprochen** werden. Die obsiegende beklagte Partei hat grundsätzlich keinen Kostenersatzanspruch, außer die **Finanzprokuratur** schreitet notwendigerweise in deren Vertretung ein (*Machacek*, Verfahren vor dem VfGH und VwGH[5] 62).

Ein **Kostenersatzanspruch** gem § 52 VfGG besteht ebenfalls **in Verfahren nach Art 138 B-VG** (Entscheidung eines Kompetenzkonfliktes) gegen die Gebietskörperschaft, deren Behörde ihre Zuständigkeit zu Unrecht abgelehnt hat.

Bei **Normprüfungsverfahren nach Art 139 u 140 B-VG** infolge eines **Individualantrages** können gem §§ 61a bzw 65a VfGG auf Antrag Kosten zugesprochen werden, **wenn der Antragsteller durchdringt**.

Diese sind von dem Rechtsträger zu ersetzen, der das Gesetz bzw für den die Behörde die Verordnung erlassen hat.

In Verfahren nach **Art 144 B-VG** (Bescheidbeschwerde) wird dem **Beschwerdeführer** gem § 88 VfGG der (teilweise) **Kostenersatz** zuerkannt, **wenn er mit seiner Beschwerde insoweit erfolgreich war**, als der bekämpfte Bescheid (teilweise) aufgehoben wird oder er klaglos gestellt wird. Die belangte Behörde erhält für den Fall des Unterliegens des Beschwerdeführers grundsätzlich keinen Ersatz der ihr entstandenen Kosten, da davon auszugehen ist, dass diese den von ihr erlassenen Bescheid selbst verteidigen kann. Ausnahmsweise kann in komplizierten Verfahren für die notwendige Rechtsvertretung durch die Finanzprokuratur oder einen RA ein entsprechender Kostenersatz zugesprochen werden.

Kein Kostenzuspruch erfolgt **in Verfahren nach**:

- **Art 139 B-VG** (Verordnungsprüfung),
- **Art 139a B-VG** (Prüfung von Wiederverlautbarungen),
- **Art 140 B-VG** (Gesetzesprüfung),
- **Art 140a B-VG** (Prüfung von Staatsverträgen),

wenn diese **nicht mit Individualantrag** eingeleitet werden. Ebenfalls kein Kostenersatz ist in Verfahren nach **Art 126a B-VG** (Prüfung der Zuständigkeit des Rechnungshofes, Ausnahme gem § 36f Abs 2 VfGG bei Rechtsträgern, die keine Gebietskörperschaft sind), **Art 138 Abs 2 B-VG** (Kompetenzstreitigkeiten zwischen Bund und Ländern), **Art 138a B-VG** (Vereinbarungen nach Art 15a B-VG), **Art 141 B-VG** (Anfechtungen von Wahlen, sofern es sich nicht um die Anfechtung einer bescheidmäßigen Mandatsaberkennung handelt), **Art 142, 143 B-VG** (Staatsgerichtsbarkeit) und **Art 148 f B-VG** (Zuständigkeit der Volksanwaltschaft) vorgesehen.

Der Kostenersatz muss **rechtzeitig**, dh entweder in der Beschwerde bzw dem Antrag oder vor Schluss einer allfälligen mündlichen Verhandlung, **beantragt** werden. Nach § 27 VfGG ist dabei **keine ziffernmäßige Verzeichnung der regelmäßig anfallenden Kosten notwendig**, da grundsätzlich nur Pauschalsätze zugesprochen werden. Eine Ausnahme davon besteht in Verfahren nach Art 137 B-VG. Diesfalls können die Kosten iSd RATG auf Grundlage des TP 3C verzeichnet werden (*Thiele*, Anwaltskosten[3] 145). Alle **nicht regelmäßig anfallenden Kosten**, wie der Streitgenossenzuschlag und Reisekosten zu Verhandlungen, können ebenfalls **gesondert verzeichnet** und geltend gemacht werden. Kosten, welche nicht zur zweckentsprechenden Rechtsverfolgung notwendig waren, wie etwa zusätzliche nicht vom Gerichtshof verlangte Schriftsätze, werden nicht honoriert (*Chvosta*, Kostenersatz im Beschwerdeverfahren vor dem VfGH, ZfV 2002/1462, 639).

Die **Höhe des Kostenersatzes** bestimmt sich grundsätzlich nach **Pauschalsätzen**. Der Pauschalsatz für (erfolgreiche) Anträge bzw Beschwerden beträgt derzeit 2.180 Euro. Hinzu kommt die 20 %ige USt in Höhe von 436 Euro und die gem § 17a VfGG zu entrichtende Eingabengebühr von 240 Euro. Dies deckt die regelmäßig anfallenden Kosten sämtlicher Vertretungshandlungen, auch in Zwischenverfahren der Normenkontrolle und Vorabentscheidungsverfahren, ab. In Verfahren nach Art 137 B-VG wird der Kostenersatz für die anwaltliche Vertretung auf Basis des TP 3C RATG zugesprochen. Werden **mehrere separate Beschwerden** erhoben, steht der **Pauschalsatz für jede Beschwerde** zu, **außer** diese sind von dem zugrunde liegenden Sachverhalt und der rechtlichen Beurteilung her **so ident**, dass die **Geltendmachung in einer einzigen Beschwerde möglich und zulässig** gewesen wäre. In diesem Fall wird der Pauschalsatz nur einmal zugesprochen.

Der jeweils aktuelle Pauschalsatz und die entsprechende Eingabengebühr finden sich auf der Homepage des VfGH unter www.vfgh.gv.at.

Wurde keine **Honorar**vereinbarung zwischen dem RA und seinem Mandanten für ein Verfahren vor dem VfGH getroffen, sieht § 8 Abs 1 AHK für die Einbringung einer Beschwerde, die Erstattung der Gegenschrift und die Teilnahme an der mündlichen Verhandlung die Honorarabrechnung auf Grundlage des **doppelten TP 3C RATG** als angemessen an.

2. Verwaltungsrecht

a) Allgemeines

In Verwaltungsverfahren gibt es grundsätzlich keinen Kostenersatz, hievon bestehen jedoch Ausnahmen. Für den Honoraranspruch des RA sind §§ 5 ff sowie § 13 AHK maßgeblich.

Im Verwaltungsverfahren ist grundsätzlich **kein Kostenersatz vorgesehen**, selbst wenn dem Antrag des Antragstellers im Bescheid vollinhaltlich stattgegeben wird. Die Parteien tragen gem § 74 Abs 1 AVG die ihnen im Verwaltungsverfahren entstandenen Kosten selbst. Vergleichbares gilt für das **Abgabenverfahren** und das entsprechende Beschwerdeverfahren gem §§ 2a iVm 313 BAO. Hievon können nach § 74 Abs 2 AVG einzelne Verwaltungsvorschriften **Ausnahmen** vorsehen, wie im Falle des Maßnahmenbeschwerdeverfahrens vor den Verwaltungsgerichten sowie in Verfahren vor dem VwGH.

Ungeachtet dessen hat ein RA für sein Einschreiten in einem Verwaltungsverfahren im Interesse des Mandanten einen **Honoraranspruch** für die erbrachten Leistungen. Da das RATG aufgrund seines Geltungsbereiches für den Zivilprozess nicht unmittelbar anwendbar ist, besteht einerseits die Möglichkeit, auch im Verwaltungsverfahren eine **Honorarvereinbarung** mit dem Mandanten zu treffen, andererseits halten die **AHK Grundsätze für ein angemessenes Honorar** bereit.

§ 5 AHK sieht zu diesem Zweck umfangreiche **Bemessungsgrundlagen** für diverse Zivil-, aber auch **Verwaltungsrechtssachen** vor, von denen jedoch im Einzelfall abgewichen werden kann. § 6 AHK verweist in der Folge auf die **sinngemäße Anwendung des RATG**, insbesondere auf die Bestimmungen des Einheitssatzes und die TP 1 bis 3 sowie TP 5 bis 9 RATG. Daher wird die Abrechnung anwaltlicher Leistungen im Verwaltungsverfahren nach der entsprechenden Tarifpost des RATG (bspw für mündliche Verhandlungen TP 3A) auf Basis der im II. Hauptstück der AHK vorgesehenen Bemessungsgrundlagen als angemessen angesehen. Für die Vertretung in **Verwaltungsstrafverfahren** verweist § 13 AHK je nach Höhe der Verwaltungsstrafe auf die jeweiligen **Honoraransätze für das gerichtliche Strafverfahren** nach **§ 9 AHK** bzw auf die Kriterien der **§ 8 Abs 1 sowie §§ 10 bis 12 AHK**, welche mit ein paar Besonderheiten sinngemäß zur Anwendung kommen. Für geringfügige Verwaltungsübertretungen, welche mit einer Geldstrafe von bis zu 730 Euro bedroht sind, gibt § 13 Abs 2 AHK 1.700 Euro als fixe Bemessungsgrundlage vor und verweist zur Berechnung ebenfalls auf die Bestimmungen des RATG.

In der Folge werden die Grundlagen des Kostenersatzes in Verfahren vor den Verwaltungsgerichten und dem VwGH näher erläutert.

b) Verwaltungsgerichte

In Verfahren vor den Verwaltungsgerichten besteht grundsätzlich kein Anspruch auf Kostenersatz, mit Ausnahme der Maßnahmenbeschwerde sowie Beschwerden wegen Rechtswidrigkeit eines Verhaltens einer Behörde in Vollziehung der Gesetze. Es gilt das Obsiegensprinzip. Zur Berechnung des Ersatzbetrages sind die Bestimmungen des § 35 VwGVG iVm der VwG-AufwandersatzVO heranzuziehen.

In Verfahren vor den Verwaltungsgerichten besteht lediglich ein **Anspruch auf Kostenersatz für den Fall der erfolgreichen Beschwerde gegen Akte der unmittelbaren verwaltungsbehördlichen Befehls- und Zwangsgewalt** (Maßnahmenbeschwerde) sowie Beschwerden wegen Rechtswidrigkeit eines Verhaltens einer Behörde in Vollziehung der Gesetze (§ 53 VwGVG). **Voraussetzung für den Ersatzanspruch ist** gem § 35 Abs 1 VwGVG **das Obsiegen** einer Verfahrenspartei, also entweder des Beschwerdeführers, wenn seiner Beschwerde Folge gegeben wurde, oder der belangten Behörde, wenn die Beschwerde ab- oder zurückgewiesen bzw zurückgezogen wurde.

Nach § 35 Abs 4 VwGVG werden der obsiegenden Partei die durch die Beschwerdeerhebung entstandenen **Gebühren und Barauslagen** sowie **Fahrtkosten** für die Teilnahme an der mündlichen Verhandlung **ersetzt**. Für den **Schriftsatz-, Verhandlungs- und Vorlageaufwand sind Pauschalersatzbeträge in der VwG-Aufwandersatzverordnung des Bundeskanzlers** (BGBl II 2013/517) vorgesehen. Der Kostenersatz wird gem Abs 7 leg cit **nur auf Antrag** der obsiegenden Partei bis zum Schluss der mündlichen Verhandlung **zugesprochen**.

Für den **Honoraranspruch** des RA gegenüber seinem Mandanten für die Vertretung in **Verwaltungsstrafverfahren** vor den Verwaltungsgerichten ist, mangels Honorarvereinbarung, der bereits erwähnte § 13 AHK maßgeblich. Dieser verweist dazu je **nach Höhe der bekämpften Verwaltungsstrafe** auf die jeweiligen **Honoraransätze des § 9 AHK** für das gerichtliche Strafverfahren bzw die Kriterien der **§ 8 Abs 1 sowie §§ 10 bis 12 AHK**.

In Verfahren über eine **Maßnahmenbeschwerde** beträgt die **Bemessungsgrundlage** gem § 5 Z 35 AHK einheitlich **26.200 Euro**. Nach § 6 AHK kommen für die Berechnung die **Bestimmungen des RATG sinngemäß zur Anwendung**.

c) Verwaltungsgerichtshof

In Verfahren vor dem VwGH besteht für die obsiegende Partei ein Kostenersatzanspruch gem §§ 47 bis 59 VwGG, sofern ein rechtzeitiger, schriftlicher Antrag gestellt wurde. Zur Berechnung des Ersatzbetrages sind die Bestimmungen des § 47 ff VwGG iVm der VwGH-AufwandersatzVO heranzuziehen.

Für Verfahren vor dem VwGH besteht ein **Anspruch der Parteien auf Kostenersatz** unter den Voraussetzungen der §§ 47 bis 59 **VwGG** und der **VwGH-Aufwandersatzverordnung** des Bundeskanzlers (BGBl II 2013/518):

Einerseits besteht gem § 59 VwGG nur bei **rechtzeitigem, schriftlichem Antrag** Anspruch auf Kostenersatz.

Dieser ist für den Schriftsatzaufwand im Schriftsatz, für den Vorlageaufwand in der Aktenvorlage, für Reisekosten und Verhandlungsaufwand am Ende der mündlichen Verhandlung und für Kommissionsgebühren und Barauslagen spätestens eine Woche nach Entstehen der Leistungspflicht geltend zu machen.

Andererseits kann der Revisionswerber bzw die belangte Behörde gem § 47 Abs 1 VwGG nur bei **Obsiegen** mit einem Kostenzuspruch im verfahrensbeendenden Erkenntnis oder (gesonderten) Beschluss rechnen.

Der Revisionswerber erhält gem § 50 iVm § 47 Abs 2 VwGG seine Kosten von der belangten Behörde **zur Gänze** ersetzt, wenn der angefochtene **Bescheid auch nur teilweise aufgehoben** oder er hinsichtlich **einzelner Revisionspunkte** iSd § 55 VwGG **klaglos gestellt** wurde. Im Falle einer **Säumnisbeschwerde** werden die Kosten ersetzt, wenn der Gerichtshof nach § 42 Abs 4 VwGG selbst entscheidet oder die säumige Behörde die Entscheidung nach Anordnung des VwGH nachholt. Die belangte Behörde hat gem § 47 Abs 2 u § 51 VwGG Anspruch auf Ersatz ihrer Kosten, wenn die Beschwerde abgewiesen wurde oder nach Einleitung des Vorverfahrens zurückgewiesen bzw zurückgezogen wurde.

Als Aufwendungen des Revisionswerbers **erstattungsfähig** sind gem § 48 Abs 1 VwGG der **Schriftsatzaufwand**, die **Eingabegebühr** (nunmehr 240 Euro), **Reise- bzw Aufenthaltskosten**, der **Verhandlungsaufwand, Kommissionsgebühren und Barauslagen**. Die belangte Behörde erhält den Schriftsatzaufwand, den Vorlageaufwand, den Verhandlungsaufwand und die Reisekosten ersetzt (*Marzi/Unger*, Der Kostenersatz im verwaltungsgerichtlichen Verfahren, ÖJZ 2009/38). Dabei sind gem § 49 Abs 1 und 2 VwGG in der **VwGH-AufwandersatzVO** für den Schriftsatzaufwand, den Vorlageaufwand, den Verhandlungsaufwand und etwaige Aufenthaltskosten **Pauschalbeträge** vorgesehen. Die sonstigen Aufwendungen, wie Reisekosten, sind voll zu ersetzen. Die Pauschalbeträge laut der VwGH-AufwandersatzVO werden auch dann zur Gänze zugesprochen, wenn von der obsiegenden Partei ein geringerer Betrag begehrt wird (VwGH 24. 4. 2009, 2008/02/0244, AnwBl 2009, 448).

Gem § 57 VwGG gelten die Bestimmungen des Kostenersatzes nicht für den **Honoraranspruch** des RA. Dieser hat also für die im Verfahren vor dem VwGH erbrachten Leistungen einen von den Kostenersatzregeln des VwGG unabhängigen Entlohnungsanspruch gegen seinen Mandanten. Wurde keine Honorarvereinbarung getroffen, sieht § 8 Abs 1 AHK für die Einbringung einer Beschwerde, die Erstattung der Gegenschrift und die Teilnahme an der mündlichen Verhandlung die Honorarabrechnung auf Grundlage des **doppelten TP 3C RATG** als angemessen an. Die entsprechende **Bemessungsgrundlage** ist §§ 5 und 13 AHK zu entnehmen.

F. Internationale Gerichtshöfe

1. EuGH/EuGI

Gem § 8 Abs 1 AHK besteht ein Honoraranspruch des RA für die Vertretung vor europäischen Gerichten im Umfang des doppelten TP 3C. Die Verfahren sind grundsätzlich gebührenfrei, wobei der Kostenersatz nur auf Antrag einer Partei nach dem Obsiegen bestimmt wird.

Der Kostenersatz für Verfahren vor den Gerichten der Europäischen Union ist für den EuGH in der Verfahrensordnung des Gerichtshofes vom 25. 9. 2012 (**EuGH-VfO**, ABl 2012 L 265 idgF vom 18. 6. 2013, ABl 2013 L 173) in Art 137 ff geregelt und für das EuGI in der Verfahrensordnung des Gerichtes erster Instanz der Europäischen Gemeinschaften vom 2. 5. 1991 (**EuG-VfO**, ABl 1991 L 136 idgF vom 19. 6. 2013, ABl 2013L 173) in Art 87 bis 93.

Die Verfahren vor den europäischen Gerichten sind **grundsätzlich gebührenfrei**. Vermeidbare Kosten und Kosten für einen überdurchschnittlich hohen Schreib- und Übersetzungsaufwand können jedoch gem Art 143 EuGH-VfO bzw Art 90 EuG-VfO der Partei, die diese verursacht hat, auferlegt werden.

Art 137 EuGH-VfO und Art 87 EuG-VfO sehen vor, dass die europäischen Gerichte in ihren Entscheidungen auch über die Kostentragung absprechen sollen. Die **unterlegene Partei** wird jedoch nur **auf Antrag zum Kostentersatz verhalten**. Mangels Kostenantrag trägt jede Partei ihre Prozesskosten selbst. Das Gericht spricht nur über den Anteil der von den Parteien zu tragenden Kosten ab, jedoch nicht über die Höhe. Diese bleibt einer Vereinbarung der Parteien vorbehalten. Erst wenn keine Einigung erzielt werden kann, besteht die Möglichkeit, ein **Kostenfestsetzungsverfahren** zu beantragen. Das Gericht kann die Kosten nach dem Verfahrensausgang aufteilen, wenn jede Partei nur teilweise obsiegt oder außergewöhnliche Gründe vorliegen, es kann aber auch die obsiegende Partei zum Kostenersatz verhalten, wenn diese unnötige oder vermeidbare Kosten verursacht hat. Die Kosten der Mitgliedstaaten und der Organe der EU werden nicht erstattet. **Erstattungsfähig** iSd Art 144 EuGH-VfO sind insbesondere **Zeugen- und Sachverständigenkosten** sowie verfahrensnotwendige Parteikosten, wie **Reiseaufwand und Anwaltskosten**

Die Entscheidung über die Kostentragung im **Vorabentscheidungsverfahren** obliegt dem **nationalen Gericht**, in dessen Verfahren der Vorlagebeschluss gefasst wurde (Art 102 EuGH-VfO). Der konkrete Kostenersatzanspruch ergibt sich aus den jeweiligen Bestimmungen des Ausgangsverfahrens (genauer s *Thiele*, Anwaltskosten[3] 157 f).

Gem Art 115 ff EuGH-VfO (Art 94 EuG-VfO) besteht die Möglichkeit, **Prozesskostenhilfe** zu beantragen, sollte eine Partei die Kosten aufgrund ihrer finanziellen Situation nicht selbst tragen können. Dem Antrag müssen alle Unterlagen beigefügt werden, die zur Bescheinigung der Bedürftigkeit notwendig sind. Im Falle der Aussichtslosigkeit der Prozessführung wird keine Prozesskostenhilfe gewährt.

§ 8 Abs 1 AHK sieht als **Honorar** für die Vertretung vor den europäischen Gerichten den **doppelten TP 3C** als angemessen an. Anstatt der Verzeichnung des doppelten Einheitssatzes empfiehlt sich die Verrechnung der tatsächlich angefallenen Reisekosten, sofern das Einschreiten eines österreichischen RA in Luxemburg zur zweckentsprechenden Rechtsverfolgung notwendig war.

2. EGMR

Der Honoraranspruch des RA für die Vertretung vor dem EGMR ergibt sich ebenfalls aus § 8 Abs 1 AHK. Die Verfahren sind gebührenfrei, der Kostenersatz wird über Antrag im Wege einer angemessenen Entschädigung für eine Konventionsverletzung zugesprochen.

Dem Verfahren vor dem Europäischen Gerichtshof für Menschenrechte liegt die Verfahrensordnung des EGMR vom 28. 9. 2014 (**EGMR-VfO**) zugrunde. Auch dieses Verfahren ist für die Parteien **gebührenfrei** (mit Ausnahme etwaiger Dolmetscherkosten). Die Kosten trägt der Europarat.

Jede Partei hat (zunächst) ihre Kosten selbst zu tragen. Nach Art 100 ff kann jedoch bei Bedürftigkeit einer Partei **Prozesskostenhilfe** gewährt werden.

Bei Feststellen einer Konventionsverletzung wird dem Beschwerdeführer nach Art 41 EMRK iVm § 75 EGMR-VfO eine **angemessene Entschädigung** zugesprochen, **die auch einen Ersatz für die notwendigen Prozesskosten beinhaltet**, sofern dies entsprechend beantragt worden ist.

Der **Honoraranspruch** des einschreitenden RA ergibt sich, wie bei den europäischen Gerichten, aus **§ 8 Abs 1 AHK**. Somit ist die Honorarabrechnung auf Basis des **doppelten TP 3C** zulässig.

G. Kostenersatz nach AHG

1. Voraussetzungen des Amtshaftungsanspruches nach AHG

Nach § 1 Abs 1 AHG haften der Bund, die Länder, die Bezirke, die Gemeinden, sonstige Körperschaften des öffentlichen Rechts und die Träger der Sozialversicherung („Rechtsträger") nach den Bestimmungen des bürgerlichen Rechts für den Schaden am Vermögen oder an der Person, den die als ihre Organe handelnden Personen **in Vollziehung der Gesetze** durch ein rechtswidriges Verhalten wem immer schuldhaft zugefügt haben; dem Geschädigten haftet das Organ nicht. Der Schaden ist nur in Geld zu ersetzen. Unter diesen und weiteren (insbesondere § 2 AHG: Subsidiarität der Amtshaftung, Notwendigkeit der Rechtsmittel- und Rechtsbehelfsergreifung, sonst Rettungspflichtverletzung und dadurch eintretender Anspruchsverlust) Voraussetzungen bestehen Amtshaftungsansprüche, welche im Zuge des Aufforderungsverfahrens bzw nach erfolgreichem Gerichtsurteil vom Rechtsträger dem Geschädigten ersetzt werden müssen.

Das Amtshaftungsrecht kann auch Kostenersatzansprüche begründen. Dies gilt zunächst für die erfolgreichen (aus der Perspektive des Amtshaftungswerbers) Gerichtsverfahren, bei welchen Kostenersatz zuerkannt wird. Darüber hinaus bestehen jedoch uU auch Ersatzansprüche nach dem AHG für Verfahrenskosten vor Gerichten und/oder Verwaltungsbehörden oder sonstiges notwendiges anwaltliches Einschreiten.

2. Umweglösung bei Verfahrensarten ohne bzw mit nicht ausreichendem Kostenersatz

Nun kennen nicht alle Verfahren Kostenersatzbestimmungen. Insbesondere im **Verwaltungsrecht** fehlen oft Kostenersatzverpflichtungen. Hier kann das AHG ein gewisses Regulativ darstellen, wenn die Verwaltungsbehörde in rechtlich unvertretbarer Weise vorgegangen ist und nur im Rechtsmittelweg eine Korrektur erreicht werden konnte, für welche aber mangels entsprechender Kostenersatzbestimmungen kein Kostenersatz zugesprochen werden konnte. Gedacht sei etwa an Disziplinarverfahren von Beamten, an Verfahren wegen Führerscheinentzuges, Waffenentzuges etc. Darüber hinaus geht es auch um die zahlreichen VwGH-Verfahren, bei welchen zwar Aufwandsersatz zuerkannt wird, dieser jedoch idR nicht die gesamten Kosten nach den AHK abdeckt.

Der Anspruch nach dem AHG steht jedoch in allen Fällen nur bei Erfüllung sämtlicher Voraussetzungen des AHG zu. Es darf sich bei der gerichtlichen oder verwaltungsbehördlichen Entscheidung, deren Korrektur erst mit anwaltlicher (kostenpflichtiger) Hilfe erreicht werden konnte, nicht um eine bloß rechtlich unrichtige handeln, sondern um eine solche **mit rechtlich unvertretbarer Auffassung**. Hat das Gericht bzw die Behörde eine rechtlich vertretbare, wenngleich unrichtige Auffassung seiner Entscheidung zugrunde gelegt, besteht kein Amtshaftungsanspruch.

Beispiel:

Die Kindeseltern Vinzenz und Maria Ärgerlich wollen Schmerzengeld für ihren Sohn Robert Ärgerlich einklagen, der im Schulunterricht vom Mitschüler Bertram Faust verletzt wurde. Sie erkundigen sich beim BG am Amtstag, wo ihnen vom Rechtspraktikanten Mag. Edgar Ehrlich die allgemeinen Voraussetzungen für einen Schadenersatzanspruch nach §§ 1293 ff ABGB auseinandergesetzt werden. Auf das Haftungsprivileg des DG sowie des Schulerhalters nach §§ 332 ff ASVG wird nicht eingegangen. RA Dr. Peter Pluto bringt im Auftrag der Kindeseltern die AH-Klage gegen den Bund wegen behaupteter Verletzung der Aufsichtspflicht der Lehrkraft ein. Die Klage wird wegen des Haftungsprivilegs des DG sowie des Schulerhalters nach §§ 332 ff ASVG rk abgewiesen. Nun möchten die Kindeseltern Amtshaftungsansprüche gegen den Bund geltend machen, dies wegen der unvollständigen Auskunftserteilung beim Amtstag, weiters wegen der Erteilung der pflegschaftsgerichtlichen Genehmigung der Klagsführung trotz Aussichtslosigkeit derselben wegen des Haftungsprivileg des Schulerhalters nach §§ 332 ff ASVG. Können Sie die Klagsführung aus advokatorischer Sicht empfehlen?

Lösung:

Die Antwort lautet: Nein, natürlich nicht! Zwischen die behauptete unvollständige Auskunftserteilung beim Amtstag sowie die Erteilung der pflegschaftsgerichtlichen Genehmigung der Klagsführung einerseits und die danach erfolgte unzweckmäßige Klagsführung andererseits trat nämlich die anwaltliche Leistung der entgeltlichen Rechtsberatung und -vertretung einschließlich Klageeinbringung. Der KV hätte die Aussichtslosigkeit derselben wegen des Haftungsprivilegs des Schulerhalters nach § 335 Abs 3 ASVG erkennen und den Kindeseltern von der Klagsführung abraten müssen. Ein Amtshaftungsanspruch wird daher nicht zustehen, wohl aber möglicherweise ein Ersatzanspruch (wohlgemerkt nicht wegen des Klagspunktums, sofern der Geschädigte dies niemals erlangen hätte können, sondern „nur" wegen der frustrierten Verfahrenskosten) gegen den KV (Fall für die Berufshaftpflichtversicherung) sowie uU Entfall des Anwaltshonoraranspruches.

Beispiel:

Variante des obigen Beispiels: RA Dr. Pluto bringt die Schadenersatzklage wegen Schmerzengeld gestützt auf § 1310 ABGB gegen den zwar noch unmündigen, aber doch bereits elfjährigen Mitschüler Bertram Faust ein. Das Gericht erster weist die Klage mit dem Argument ab, dass ein Verschulden einer Aufsichtsperson iSd § 1309 ABGB, für das der Bund nach dem AHG einzustehen habe, angenommen werden könne, sodass die subsidiäre Haftung des Minderjährigen ausscheide. Einer dagegen erhobenen Berufung gibt das Berufungsgericht nicht Folge und lässt die ordentliche Revision nicht zu. Dabei übersehen sowohl erste wie auch zweite Instanz das Haftungsprivileg des Schulerhalters nach § 335 Abs 3 ASVG. Bestehen Amtshaftungsansprüche?

Lösung:

Laut OGH (21. 10. 2008, 1 Ob90/08d = RDB-Justiz) ja, da im Hinblick auf die fristgerechte Berufung aus dem Berufungsgrund der unrichtigen rechtlichen Beurteilung das Berufungsgericht im ersten Verfahren die Aufhebung der unrichtigen Entscheidung erster Instanz verfügen hätte müssen, um die weitere Anspruchsprüfung zu ermöglichen, welche sodann die Berechtigung des Klagebegehrens ergeben hätte, wodurch dem Kläger in der Folge der Schaden entstanden ist. (Im entschiedenen Fall ging es um eine Schulveranstaltung einer ersten Klasse Hauptschule, bei welcher es beim Minigolfplatz zu einer Verletzung gekommen war, als ein Mitschüler zu einem Abschlag ausgeholt und dabei den Schläger so weit über die linke Schulter geschwungen hat, dass er den Kläger unterhalb des linken Auges getroffen hatte.)

Stichwortverzeichnis